认知对比语言学与汉韩对比

王楠楠　著

中国海洋大学出版社
·青岛·

图书在版编目（CIP）数据

认知对比语言学与汉韩对比／王楠楠著．--青岛：
中国海洋大学出版社，2023.2

ISBN 978-7-5670-3422-8

Ⅰ．①认… Ⅱ．①王… Ⅲ．①汉语-认知语言学-对
比研究-朝鲜语 Ⅳ．①H1②H55

中国国家版本馆 CIP 数据核字（2023）第 028537 号

RENZHI DUIBI YUYANXUE YU HANHAN DUIBI

出版发行	中国海洋大学出版社
社　　址	青岛市香港东路 23 号　　　邮政编码　266071
出 版 人	刘文菁
网　　址	http://pub.ouc.edu.cn
订购电话	0532-82032573（传真）
责任编辑	邓志科　　　　　　　　　　电　　话　0532-85901040
特邀编辑	刘　芳
印　　制	青岛中苑金融安全印刷有限公司
版　　次	2023 年 3 月第 1 版
印　　次	2023 年 3 月第 1 次印刷
成品尺寸	170 mm×230 mm
印　　张	8.75
字　　数	200 千
印　　数	1—1 000
定　　价	59.00 元

发现印装质量问题，请致电 0532-85662115，由印刷厂负责调换。

前 言

PREFACE

任何一种语言都是人类对客观世界进行主观识解的产物。在汉外对比研究时,除了要找出它们在形式和意义上的异同外,还应该找出隐藏于不同语言中同类表达背后的认知机制之异同。

笔者近年来一直关注汉韩语言对比和对韩汉语教学的研究工作,尤其是在韩国学习和教学的近五年时间里,无时无刻不感受到汉语和韩国语的差异。将汉语和韩国语的对应表达进行形式上、语义上的对比属于对比语言学的研究领域,但深入探究两者差异背后隐藏的认知机制却属于认知语言学的研究领域。通过本书,笔者在介绍如何结合对比语言学和认知语言学两种研究范式进行语言研究的同时,将发表的相关学术论文及博士在读期间的部分作业进行了系统整理,具体列举了六个运用此方法进行汉韩对比的研究案例,并把这本书命名为"认知对比语言学与汉韩对比"。纵观前人研究,通过本书所指的方法论进行的跨语言研究有多种术语,如"认知对比研究""认知语言学视角的对比研究""以认知为基础的对比研究""基于认知的对比研究""对比语言学下的认知研究""对比认知语言学"。虽然本书选择这些术语之一并不影响研究目的,但笔者认为将两种或两种以上的语言进行对比,并通过对比的结果说明人类认知的这种研究方法可以适用于各语言中的不同对象,所以试图将这种研究范式视为语言研究的一种方法论,将其统称为"认知对比语言学"。

本书的选题依据主要从以下三个方面来考虑的。首先,对于"认知对比语言学"这一视角,前人研究并未将这种研究范式看作语言学的独立学术领域而展开深入研究,但认知对比语言学这一学术领域的确立,可以进一步促进认知语言学自身的深入发展，同时也必将推动对比语言学向纵深发展。其次，选择汉韩两种语言进行对比分析，主要考虑到前人研究多集中在对汉英、汉日等语言之间的对比，有关汉韩的对比还停留在针对某一个或某一类语言要素的对比层面，缺乏对整个语言系统进行全面的对比分析。另外，笔者具有对韩汉语教学经验及韩国语作为第二语言的学习背景，一直关注汉韩语言的习得研究与汉韩本体对比研究，积累了一定的前期成果，为本书的顺利完成提供了保障。

从内容来看，本书共分为六个部分。绪论开篇点题，对认知对比语言学的学术基础和发展进行简要概述；第一章是理论框架，介绍认知对比语言学的定义、目标及分类等基本概念；第二章到第四章为基于认知对比语言学的个案研究，从认知对比语言学的视角论述了汉韩对比的多项重要内容，包括语音对比、词汇对比、语法对比等六个具体研究案例；第五章是结语部分，探讨了认知对比语言学的研究课题与今后的展望。

总之，本书尝试确立认知对比语言学这一学术领域，并运用对比语言学和认知语言学的理论框架和基本原理来分析汉韩两种语言的表达特征和内在规律，力图为汉韩对比研究探寻一定的路径。希望本书的完成能对汉韩学习者偏误研究、汉韩对比研究，以及以汉韩语为对象的认知语言学研究有积极意义。另外，本书的顺利完成得到了李侠教授、刘芳博士的支持与帮助，在编撰的过程中，作者也参考借鉴了很多相关专家学者的文献资料，在此向他们表示由衷的感谢。书中难免会出现一些不足和纰漏，敬请广大读者批评指正！

王楠楠

2022 年 10 月 31 日

目　录
CONTENTS

绪论　认知对比语言学的发展

　　对比语言学和认知语言学作为语言学的重要分支，一直以来受到学者们的广泛关注，学者们围绕它们展开了大量的研究。其中，对比语言学的主要任务是对两种或两种以上的语言进行共时的对比研究，描述不同语言间的异同，并将这类研究应用于其他相关领域。认知语言学的主要任务是寻求语言事实背后的认知方式，并对语言做出"统一"解释。本章在对比语言学和认知语言学的发展历程基础上，分析认知对比语言学产生的动机，并对国内外结合对比语言学和认知语言学两种研究范式的前人研究进行梳理，以厘清认知对比语言学的学术基础，确立认知对比语言学在语言研究中的学术地位。

第一节　为什么是认知对比语言学

　　随着语言学研究的不断发展，对比语言学和认知语言学的研究日益深入。其中，对比语言学的研究主要从外语教育和外语翻译等应用语言学角度进行，认知语言学的研究主要从一种语言内部的语言事实出发，以揭示人类普遍的认知规律为目的。因此，将两种或两种以上的语言进行对比，并通过对比结果揭示人类认知的研究可以说是综合以上这两种语言学研究范式的一种尝试。近十几年来，虽然用这种研究范式进行语言研究的趋势日益扩大，但学界对这类研究仍然没有统一的术语。即便是有学者曾提出在认知语言学的建设中建立一门全新的学科"认知对比语言学"，但这门学科与对比语言学和认知语言学有什么差别，学科的缘起、目的、范围是什么，其理论与方法又有哪些，是一系列亟待解决的问题，也是本书要回答的问题。

　　对结合对比语言学和认知语言学这两种研究范式的学术领域如何命名，还可以想到"对比认知语言学"这一名称,但笔者认为这一名称不能准确指代本书所要研究的内容。因为从字面来看,"认知对比语言学"这一用语是将"认知"作为对比语言学的限定词,侧重点是从人类认知的角度对不同语言通过对比分析得出的异同进行说明。而"对比认知语言学"这一用语是将"对比"作为认知语言学的限定词,侧重点是对比各语言区域所进行的认知语言学研究。因此,后者是对研究方法的对比,与本书的研究内容并不一样。

在回答认知对比语言学这一学科是什么之前,我们先了解一下认知对比语言学与对比语言学和认知语言学都有哪些不同,以确保认知对比语言学这一学科确立的可能性。

语言学研究的一种基本方法是比较,而对比则是一种侧重于不同之处的比较。作为术语,对比语言学和比较语言学并不简单地意味着一方重在找出差异,一方重在找出相似性。一般来说,在语言研究的过程中,对某一语言的语音、词汇、语法等在不同历史阶段的演变加以比较,了解这一语言现象的发展历史,找出其演变规律的研究被称为比较语言学(Comparative Linguistics),之后这个用语多限于历史语言学。为了将较早出现的比较语言学与后来出现的针对不同语言进行的共时对比加以区别,便出现了对比语言学(Contrastive Linguistics)这一名称。也就是说,比较语言学主要以词源学(Etymology)和语言谱系学(Linguistic Genealogy)为中心,旨在考察语言的演变过程,对于不同语言侧重的是历时的共性研究,而对比语言学主要以两种或两种以上的语言为对象,旨在考察语言在某一发展阶段的状态,侧重的是共时的异性研究。

认知对比语言学和对比语言学有什么不同呢? 如果是单纯的对比语言学,各语言的音韵体系和句法结构有什么不同等现象将成为其研究对象,研究结果可以为外语教育、翻译等领域提供需要的语言事实。而认知对比语言学只有在某种语言现象可以反映该语言使用者的认知时才能成为其研究对象。比如,汉语的语音可以靠音高区别意义,而韩国语的语音可以靠音长区别意义的分析是一种对比语言学的研究。为了确认其是否为认知对比语言学的研究对象,需要阐述两者在语音上的这种差异与汉语使用者和韩国语使用者的认知有什么关系,如果这种语音上的差异与语言使用者的认知没有关系,那么就不能成为认知对比语言学的研究对象。可见,认知对比语言学可以选定的研究对象比对比语言学的窄,但因其在对比分析语言现象的同时,可以阐释这种语言现象与人类认知的关系，所以认知对比语言学比对比语言学更富有解释力。如果说从应用角度出发的对比语言学主要是对语言现象进行描写式的比较和对比的话，那么从认知角度出发的对比语言学是对语言现象进行说明式的比较和对比。对语言现象进行描写（description）旨在揭示语言事实是怎么样的，而对语言事实进行说明（explanation）旨在解释语言事实为什么会是这样，从而阐明语言与认知有怎样的关系。

认知对比语言学和认知语言学有什么不同呢？认知对比语言学和认知语言学的最终目标都是为了探索语言的普遍原则与认知规律之间的关系。但认知语言学主要以个别的某种语言现象为研究对象，旨在找出语言与该语言使用者的认知之间存在的联系。认知对比语言学是通过比较和对比两种或两种以上的语言，寻找它们之间的普遍性和相对性，并探究不同语言使用者的认知与不同语言之间异同存在的关联。可以说，认知对比语言学作为认知语言学的一个子领域，它可以很好地观察到只靠分析一种语言无法被发现的一些特殊语言事实，是一种能够更有效地探究人类认知的研究方法。

综上所述，可在认知语言学中建立一门分支学科"认知对比语言学（Cognitive Contrastive Linguistics）"，运用认知语言学的基本原理及其所倡导的认知方式来对比两种或两种以上的语言，发现它们在认知机制上的同与异，以实现"透过语言现象看语言背后认知方式"的研究目标。这种研究范式一方面可为对比语言学提供新理论，另一方面，从认知角度进行语言之间的对比研究，必将进一步推动认知语言学自身的发展。

第二节　认知对比语言学的产生

本节将分别概述对比语言学和认知语言学的发展史，并在此基础上分析认知对比语言学产生的学术动机。

一、对比语言学的确立与发展

语言之间的比较源远流长。自有语言研究以来，便有语言之间的比较。历史比较语言学研究的对象主要是亲属语言，其目的主要是通过历时比较，建立语言之间的亲缘关系，对世界上的语言进行谱系分类。这就决定了这门学科总的来说是为了"求同"。洪堡特（Humboldt）、叶斯柏森（Jespersen）、沃尔夫（Whorf）等学者都充分认识到历史比较语言学的贡献与成就，但又觉得这种比较研究限于"求同"的局限性,便萌发了建立以"求异"为目的的另一种"比较语言学"(即对比语言学)的想法。由此可见,对比语言学是从历史比较语言学发展而来的,是研究者不满足亲属语言之间比较的局限,希望把比较的范围从亲属语言扩大到非亲属语言乃至世界上所有语言之间的结果。

在语言学中,最先使用"对比"这个概念的学者是洪堡特。早在 1820 年,他就在论文 "On the Comparative Study of Language and Its Relation to the Different Period of Language Development" 中提到"为研究语言的普遍性进行比较研究,为研究语言的特殊性进行对比研究"。最先使用"对比语言学"这一用语的学者是沃尔夫 ①。他在 1941 年的论文 "Language and Logic" 中提到"研究语言的系统论和历史在比较语言学中有了很大的发展,今后研究思维的学问将在对比语言学中形成"。此后,研究对比语言学的代表学者弗里斯(Fries)和拉多(Rado)等主要围绕二语教学法展开了对比研究。弗里斯(1945:9)指出,建立在将学习者母语与目的语进行细致描写并比较基础上的教材是最有效的教材。拉多(1957:vii)提到"本书的基本假设是,通过系统地比较母语和目的语的语言文化,我们能够预测并描写哪些形式对学习者会造成困难,而哪些不会"。直至现在,对比语言学主要被看作应用语言学的一个分支,除了外语教学外,在外语翻译上也进行着对比语言学的研究。卡特福特(Catford, 1965)最先在对比语言学研究中提到了翻译的概念。詹姆斯(James, 1980:3-4)提到"对比分析(CA: Contrastive Analysis)② 是中介语研究(interlanguage study)之一,中介语研究主要有翻译理论(translation theory)、偏误分析(error analysis)、对比分析(contrastive analysis)等

---

① 沃尔夫首先提出了对比语言学的名称,并把它和比较语言学做了如下区分:"把地球上的语言分成来自单一祖先的一个个语系,描写其在历史进程中的一步步足迹,其结果称之为'比较语言学',在这方面已经取得了很大成果。而更重要的是将要产生的新的思想方法,我们可以称之为'对比语言学',它旨在研究不同语言在语法、逻辑和对经验的一般分析上的重大区别。"(转引自潘文国,谭慧敏,2006:2)

② 王菊泉(2011:3)曾指出作为术语,对比语言学常与对比分析(contrastive analysis)和对比研究(contrastive studies)互相换用,而无意义上的实质差别,不同的人在使用时也会有不同的倾向。但在不同的语境中,三个名称还是各有所宜。一般说来,对比语言学为通用名称,宜作为一个学科名称来使用。对比分析作为一种研究方法,多指应用性语言对比研究,尤指为外语教学服务的语言对比研究。与对比分析相比,对比研究意义上更中性一些,既可指应用性对比研究,也可指理论性对比研究,而且一般多指具体的某项对比研究,如"韩国语汉字词与汉语词的对比研究"。

三个领域"。他的研究还讨论了对比分析与偏误分析的关联性。随着 20 世纪 90 年代语料库的兴起,利用语料库进行对比语言学的研究也日益活跃。

从以上可以看出,对比语言学的确立与发展大致经历了以下三个阶段。首先是作为一种纯粹性学问,旨在对世界上的语言进行谱系分类。其次是作为一种应用性学问,旨在为外语学习和翻译提供有效的资料和理论。再次是作为一种方法论,在语义学、语用学、外语教学法、翻译理论等多样的语言研究领域得以使用。

通过以上论述,可以把对比语言学的主要含义归纳如下:

(1)对比语言学是一门独立的语言学学科,其任务是对两种或两种以上的语言(或方言)进行对比研究,找出相互之间的异同,尤其是不同之处,并将研究成果应用于有关领域。

(2)对比以共时为主,但不排斥历时比较。

(3)对比语言学的最终目标在于推动普通语言学的建设和发展。

二、认知语言学的确立与发展

认知语言学于 20 世纪 70 年代初期在认知科学基础上发展起来,是从心理学和人类认知的角度对语言进行解释说明的一种语言研究范式。它诞生于美国,在 20 世纪 80 年代至 90 年代迅速传播到其他国家,并被越来越多的语言学家所接受,涌现出一大批的学者和理论,成为本世纪新兴语言学流派。1987 年在美国先后出版的三部认知语言学专著马克·约翰逊(Mark Johnson)的 *The Body in the Mind*: *The Bodily Basis of Meaning*, *Imagination*, *and Reason*、兰盖克(Ronald W. Langacker)的 *Foundation of Cognitive Grammar*: *Theoretical Prerequisites Vol. I*、乔治·莱考夫(George Lakoff)的 *Category* 为认知语言学的确立和发展奠定了坚实的基础。1989 年在德国召开的第十四届国际 LAUD(Linguistic Agency University of Duisburg)研讨会宣布创办 *Cognitive Linguistics* 期刊,并成立国际认知语言学协会(ICLA),标志着认知语言学作为一门独立的学科正式诞生。

语言研究领域所说的"认知"[①] 一般指的就是认知语言学。对于认知语言

---

① 所谓的"认知"在心理学上指个体经由意识活动对事物产生认识与理解的心理历程。与此对应的英语"cognition"在 *Oxford Advanced Learner's Dictionary* 中,被解释为"the process which knowledge and understanding is development in the mind"(知识和理解在心里发生的过程)。

学的界定,有狭义和广义两种观点。认知语言学理论家泰勒(Tayler)(2002)将狭义的认知语言学用"Cognitive Linguistics"表示,而将广义的认知语言学用"cognitive linguistics"表示。语言学领域里讨论的认知语言学,一般都是从狭义的角度出发的。国内学者王寅(2007)将狭义的认知语言学定义为"坚持体验哲学观①,以身体经验和认知为出发点,以概念、结构和意义研究为中心,着力寻求语言事实背后的认知方式,并通过认知方式和知识结构等对语言做出统一解释的、新兴的、跨领域的学科"。李福印(2008:13-14)称认知语言学是研究语言的普遍原则和人的认知规律的语言学流派。赵艳芳(2001)将认知语言学定义为追求认知取向、解释取向、语义取向、共性取向的语言学。虽然学者们对认知语言学的定义有所不同,但总体上在讨论语言与认知的关系这一点上是共通的,本书所说的认知语言学也是狭义的认知语言学。

对于认知语言学的研究领域,学者们也有许多不同的观点。比如概念整合理论创始人福科尼耶(Fauconnier)认为认知语言学主要分为四大领域:认知语义学、认知语法、隐喻研究以及心理空间和概念整合理论。埃文斯(Evan,2007)将认知语言学又分为两大领域:认知语义学和认知语法。从国内学者的著作和论文可以看出,他们多倾向后种观点。从目前的发展情况来看,认知语义学和认知语法这两个领域也是发展最完备、体系最完整、理论最丰富的认知语言学研究领域。

认知语言学是对形式主义语言方法局限性的一种替代,它起源于语言反映人类认知某些特性的信念,相关理论也是为了查明人类认知的本质而进行的跨学科研究,它的目的是揭示语言、身心、文化的相关性。认知语言学的研究摒弃唯心论和客观主义,强调经验在人的认知和语言中的重要地位。认知语言学的基本原则是"现实—认知—语言",旨在强调语言不是与世界直接建立联系的,其间必有一个"认知"环节,这个环节意在凸显"人本作用",即语言是人们在对现实世界进行"互动体验"和"认知加工"的基础上形成的,语言表达中处处预示着人的因素,闪烁着"识解"的智慧。

通过以上论述,可以把认知语言学的主要含义归纳如下:

(1)认知语言学是一门独立的语言学学科,其主要任务是寻找出隐藏于语

---

① 王寅在《Lakoff 和 Johnson 的体验哲学》一文中提到,"Lakoff 认为认知语言学的哲学基础既不是经验主义,又不是理性主义,而是体验哲学"。

言表达背后的认知机制。

（2）认知语言学旨在强调语言不是与世界直接建立联系的，而是人们在与现实世界进行"互动体验"和对现实世界进行"认知加工"的基础上形成的。

（3）认知语言学的最终目标在于将语言研究从语言表层现象分析导向深层的认知层面。

三、认知对比语言学的学术动机

以往的语言研究主要是在被细分的语言学分支下进行的，其目的是以不同的语言观来观察细微的语言现象，研究成果属于微观的语言研究。而现代的语言研究着眼语言的整个体系，是以通过分析众多个别语言之间的联系，考察语言的本质和人的精神之间的关系为目的的。那么，有必要说明一下认知对比语言学是如何形成的、其产生的动机是什么。

19世纪初进行的历史比较语言学虽然在研究对象上具有一定的局限性，但在推动语言学成为一种科学上做出了巨大的贡献，具有重要的学术价值。此后，随着索绪尔（Saussure）倡导共时语言学，语言学获得了更好地查明个别语言结构的方法论。如果说一个世纪以来，语言学所取得的发展主要是个别语言学的话，那么现在应该关注的是具有跨学科性质的共时比较和对比语言学。不仅语言学研究需要跨学科研究，现代社会所有学问的未来都取决于跨学科研究。笔者认为，认知对比语言学就属于一种跨学科研究。对语言事实进行不同语言之间的相互比较、对比，找出共性和差异，从而揭示语言现象所蕴含的认知奥秘，探究语言的本质这一系列工作正是认知对比语言学的任务。正如王寅（2015:47）所述："基于后现代哲学的'体验人本观'及体认语言学的核心原则，我们必然要得出'语言乃唯人参之的体认结果'这一观点，因此语言对比研究也必须从人的角度（生活经验、认知方式）才能对其做出解释。当前亦已流行的'基于用法的模型（Usage Based Model）'也正是这一立场的产物，这也是我们提出'语言体认性'的出发点。若将认知语言学与对比语言学结合起来，就可形成一门新兴的认知语言学分支学科：认知对比语言学（Cognitive Contrastive Linguistics），同时，它也是对比语言学的一个新发展。"

语言是人类思想的表象，历史上有过很多关于语言与思想的见解。通过这些见解，我们就可以发现对世界语言进行认知对比语言学研究是非常必要的。下面来看一下这些代表人物是如何阐释自己的见解的。

（1）德国哲学家赫尔德（Herder,1794）说过："民族精神在语言中体现出来，在童话、民谣、风俗等方面也创造性地体现出来。并且，一种语言给人类的知识赋予轮廓和形态。"

（2）德国语言哲学家洪堡特断言语言是人类精神的反映，同时也提到了其与语言集团民族性的关系。他认为语言的结构表现该语言使用者的心理，人类按照语言提供的样子与周围的世界一起生活。所有的语言都包含着自身民族文化传统中的灵魂，语言总是和一个共同体一起成长，每门语言中都包含着各共同体的精神传统，引导着属于这个共同体的人的情绪、思维和感性。

（3）丹麦语言学家叶斯柏森（Jesperson,1938:16）为了证明语言和国民性的关系，以英语为对象研究了语言与民族性的关系。根据结果，他说："英语是一种组织性、活动性、事务性、不夸张的语言。英语不关心装饰和优雅，但是对逻辑性的连贯性感兴趣。语言就是国民。"

（4）美国语言学家萨丕尔（Sapir,1921）谈到了语言与现实之间的密切关系，指出："人不仅生活在客观的世界里，也不仅仅生活在我们通常理解的社会活动中。人类受成为某一社会沟通媒介的特定语言支配。事实上，所谓的现实是在一个语言集团的语言习惯上形成的。能完全相同地表达同一社会现实的相似语言是不存在的。"

（5）语言学家里奇（Leech,1976）认为："语言是解释我们的环境、对我们的经验进行分类和概念化、对现实赋予结构的手段。到了今天，虽然假设所有人类语言都有共同的概念框架，但是进行日常观察的话，就会发现各种语言在对经验进行分类的方法上却有不同。语言具有在重视某些差别，无视其他差别的同时，对现实世界赋予结构的倾向。语言对事物进行分类的方法是以人为中心的。这种分类的动机不是由外部现实提供的，而是由文化规范提供的。"

（6）转换生成语言学的创始人乔姆斯基（Chomsky,1957）主张，在我们的大脑里从限定的单词目录中生成无限句子的普遍语法（universal grammar）是与生俱来的，并集中研究了它具有怎样的体系，是如何运作的。乔姆斯基的基本假设是语言能力是一种天生的认知能力，为了揭示这种知识机制而进行的一系列研究都相当于人类精神的再现。

（7）莱考夫和约翰逊（Lakoff & Johnson,1999）指出，语言的诸现象与人类的认知能力有关，通过揭示语言之间的差异，可以查明更深刻的认知变异现象。

认知语言学正是最集中关注人类语言和认知之间关联性的学问。认知语言学家们认为认知语言学的框架不是固定的，而是非常灵活的，今后的各种研究不仅要揭示认知的普遍性，还要揭示认知的相对性。

（8）从语言反映历史、文化、制度、文化、价值观、思维方式等社会特性这一社会语言学的视角来看，认知对比语言学的学术动机也非常明显。文化产物和制度的不同与词汇体系的不同直接相关，以历史、文化等为基础的价值观和思维方式的不同反映在语言体系中。为了阐明这一点，需要通过各语言的比较、对比研究，来了解某一语言的差别性特征，而且，可以将其差别性特征联系反映该社会的认知特性进行解释。

如上所述，历史上许多学者强调了语言反映人类的思想、认识、价值观，通过这些见解可以看出认知对比语言学的建立有明确的学术动机。一种语言中看不到的语言现象可以很容易地通过对比不同语言而被发现。也就是说，通过对比，可以找到在仅观察一种语言时很难发现的新的语言事实，而这些差异中明显隐藏着认知差异，想要揭开这些秘密正是认知对比语言学所要做的。许余龙（2002）就曾指出："若将认知语言学与对比语言学结合起来，就可形成一门新兴的认知语言学分支学科：认知对比语言学（Cognitive Contrastive Linguistics），同时，它也是对比语言学的一个新发展。"王寅（2015：47-48）也曾指出："在认知对比语言学的理论指导下，汉英语对比研究的核心就在于：寻找和对比两民族语言表达背后的认知机制，在体验人本观（或简称体认观）的统摄下，将语言表层现象的分析导向深层的认知层面，走向通过对比语言现象，透析两民族心理机制的研究方向，这必将是 21 世纪汉英对比研究的主要方法之一。"可以说，一方面，对比语言学迫切需要新理论，另一方面，从认知角度进行语言之间的对比研究，必将进一步促进对比研究和认知语言学自身的深入发展。

如果语言是精神的反映，那么应该解释语言的某种形式反映精神的哪些方面，进而提供语言和精神之间关联性的蓝图。比起仅对一种语言的分析和解释，分析各语言之间的差异更能捕捉到这种关联性，提供这种理论基础的正是认知对比语言学。究竟能否建立认知对比语言学的框架，并将语言的差异用认知的差异来解释是需要深入探索的问题。

第三节　认知对比语言学的国内外研究现状

虽然认知对比语言学这一术语在学界并没有确立，但运用其方法论，即从认知语言学的角度进行语言间对比分析的研究已经取得了丰硕的成果。虽然这些成果不是为了认知对比语言学而进行的研究,但是研究表明,在对很多语言进行比较和对比时,乔姆斯基的形式主义并不能完全说明的语言现象需要在人的认知中寻找说明机制。

吉翁(Givon,1979)进行了相关的代表性研究。该研究通过观察英语、克里奥尔语、圣经希伯来语、以色列希伯来语、乌特语、Ozark 英语方言、古代英语、西班牙语、卢旺达语、约鲁巴语、本巴语、汉语、斯瓦希里语、库鲁语(属于尼泽刚果语)、俄语、希泰语、雅基语、比科尔语、印度尼西亚语、班托语、希伯来语、阿巴里克语、菲律宾语、金邦杜语、拉丁语、土耳其语、荷兰语、巴勒斯坦阿拉伯语、洋泾浜语等多种语言资料,试图从人的认知和心理特征角度分析语言面貌。此外,泰尔米(Talmy,1991)和斯洛宾(Slobin,2004)对动作事件语言化类型进行的语言类型学相关研究也可以认为是认知对比语言学的研究,只不过他们的研究没有把重点放在对这种类型化动机的认知解释上。

以多种语言为对象,对语义进行认知考察的代表研究是斯威彻尔(Sweetser,1990)的研究。该研究以英语和欧洲诸语,以及历史上曾存在过的语言为对象,对多义性、词语变化、歧义性等进行认知考察,将焦点放在了类似的认知结构,即认知的普遍性上。特别是试图对知觉动词"看"可以表示"理解(understand)",听觉动词"听(hear)"可以表示"服从(obey)"这一多义词扩张结构进行认知说明,并确认了英语和印度欧洲语的各语言大体上均有类似共同点。考维切斯(Kovecses,2002)的研究也属于认知对比语言学的研究。该研究为了考察概念隐喻的普遍性,对英语、汉语、匈牙利语、祖鲁语、波兰语、威洛比语、大溪地语的相关表达进行了研究。为了观察隐喻和转喻的文化变异性,还探讨了英语、汉语、日语、祖鲁语、荷兰语的相关表达。研究结果表明,隐喻的普遍性主要体现在上位总体层级上,概念隐喻的大部分文化变异都体现在下位具体层级上。

与对比语言学相关的各种论文中也存在大量的认知对比语言学研究。从研究主题上来看,主要是用认知语言学的分析机制将某一语言与其他语言进行对比分析;从研究对象来看,包括名词、动词、形容词、介词、时体态、惯用语、隐喻表达、某种构式或句式等;从研究方法来看,主要有文献法和通过语料库的计量研究等。把外国认知语言学学者讨论的认知语言学概念应用到汉语或韩国语中,或者研究汉语或韩国语中存在什么样的隐喻等研究都属于认知对比语言学的研究案例。还有大量的研究在对两种或两种以上语言（或方言）进行对比的同时，运用了认知语言学的相关理论进行了阐释说明。也就是说，不论是将以英语为研究对象所得的认知语言学理论应用于其他语言的研究，还是从认知语言学的视角进行语言间对比的研究，都应该看作认知对比语言学的研究。虽然这些研究常以"认知对比研究""认知语言学视角的对比研究""以认知为基础的对比研究""基于认知的对比研究""对比语言学下的认知研究""对比认知语言学"等表述出现，但它们都属于认知对比语言学的研究范畴。

综上所述，虽然前人已经进行了很多可以进入认知对比语言学范畴的研究，但认知对比语言学的整体学术框架还没有确立，相关研究仍然是零星分散的。随着认知对比语言学的确立，今后可以在认知对比语言学这一大框架下，囊括这些分散的相关研究，在探索语言背后隐藏的普遍认知规律和文化特性上进行更加全面而深入的研究。

第一章 认知对比语言学的基本概念

认知对比语言学是在对比语言学和认知语言学的基础上发展起来的,既是一种方法论,也是认知语言学的一个分支。本章将对认知对比语言学的相关基本概念进行探讨,主要内容包括认知对比语言学的定义、目标、分类三个方面。

第一节 认知对比语言学的定义

本书将认知对比语言学定义为通过不同语言之间的比较和对比分析,描述语言现象的特征,并对隐藏在该语言现象背后的认知机制进行阐释,进而查明人类认知普遍性和相对性的语言研究方法。为了深入理解这一定义,我们将逐一对以下四个问题进行探讨,以明确认知对比语言学的学术性格。

一、认知对比语言学的研究对象是什么

此问题是进行认知对比语言学相关研究时首先要明确的问题。对语言进行比较和对比,顾名思义就是通过语言之间的相互对照分析以发现它们的异同。但究竟对不同语言的什么内容或方面进行怎样的比较和对比,有必要深入思考。例如,汉语的"天"和韩国语的"하늘(天)"这两个词怎么比较? 为什么要比较? 从语言系统论的角度来看,语言形式上的比较曾非常重要,因为如果是同一系统的语言就必然具有形式上的相似性。然而从语言形式和意义之间的关系是恣意的这一点来看,对不同语言的单一形式进行比较和对比是没有意义的,也是不可能的,但我们可以从语义的角度对它们进行对比。比如,汉语的"心"和韩国语的"마음(心)"各自都有哪些语义? 这些语义之间有哪些异同? 这些异同反映了怎样的认知特征? 也就是说,为了进行共时的语言对比研究,不属于同一

系统的语言也可成为比较和对比的研究对象,这时的比较和对比不是为了找出语言之间在起源上的关联性,而是为了找出隐藏在语言背后的认知普遍性和相对性。

从什么角度对不同语言进行比较和对比分析呢?可以从语言是思维的表象这一点找到突破口。语言是一种符号系统,语言符号的形式及其所传达的意义之间虽说具有任意性,但人类想通过语言这一手段来表达概念或心理这一点是所有语言共有的。不同语言如何将客观世界概念化,如何将概念转化为语言符号,如何通过语言符号对世界进行分类,都可以成为比较和对比的对象。在不同语言中,事物的命名机制如何不同,基于隐喻的语义扩展如何不同,也都可以成为比较和对比的对象。从这个角度来看,不同语言之间的比较和对比分析的对象是无穷无尽的。从语言符号对世界进行分类的角度比较各语言,会发现很多有趣的现象。例如,客观世界由于水蒸发而产生的"雾"是一个连续体,也就是从浓雾到薄雾没有明确的分界线,但英语、荷兰语和德语通过语言符号对"雾"进行的划分却表现出明显的差异(임지룡·윤희수,2009:30)。具体见表1-1:

表 1-1　概念"雾"的词汇范畴

雾的浓度(由高到低)			
英语	fog	mist	haze
荷兰语	mist	nevel	waas
德语	Nebel		Dunst

大部分词语都具有从基本语义扩展为多种语义的特性。这是因为人类通过语言符号来表达概念和思想时,虽然会创造新词,但往往还会选择赋予已有词语形式新语义的方式,因此一个词语通过某种路径获得扩展语义的情况诸多。例如,英语中的"head"和韩国语的"머리"都具有从表示身体部位"头"这一基本语义扩展来的"大脑、智能"等语义。但在英语中,具有"额头"之义的"brow"经过隐喻扩展具有了"山脊"之义,而韩国语的"이마(额头)"并没有"山脊"这一语义,对这类多义词的比较和对比是探索语言使用者认知差异的重要途径。此外,通过对比不同语言的多义词还可以观察同一语言圈的价值观。例如,英语的"minister"具有"神职人员,长官"之义的同时,还引申出了"侍候,服侍"之义;英语的"deliverance"除了具有"解救"之义外,还引申出"陪审团的议决"

之义。也就是说,英语社会的"minister"具有"敬奉的人"这一基础价值观,而"deliverance"具有着"拯救"这一基础价值观。

以上的例子都是从词语层面进行的语义对比。通过这些例子可以看出,认知对比语言学并不是单纯地对语言形式进行比较和对比,而是对语言形式的语义形成和创造过程中所包含的人类思维方式进行的比较和对比。

语言间的比较和对比还可以在短语、句子、语篇等各个层面进行,表达的方式、句法结构的特征、文体的面貌等都可以成为认知对比语言学的研究对象。很多面向韩国籍学习者的英语教材中常常提及英语中有很多表示"所有"的表达方式,而韩国语有很多表示"存在"的表达方式。请看下面的例句。

(1) a. You have a nice place. 집이 참 좋군요 . (你的家很好。)

　　 b. Shall we have a nightcap? 자기 전에 한 잔 할까요? （我们睡觉前喝一杯吧？）

　　 c. I have a headache. 저는 두통이 있어요 . （我头痛。）

　　 d. I've lost my voice. 저는 목이 쉬었어요 . （我嗓子哑了。）

　　 e. We have a small gift for you. 약소하지만 선물입니다 . （虽然微不足道,但却是礼物。）

　　 f. Get the picture?/ You got it? 이해가 가니? （你能理解吗？）

(1)的英语中,很多句子的谓语动词使用了"have""get"等所有动词。(1)的韩国语中,很多句子的谓语动词使用了"있다,이다"等存在动词。但我们也可以发现,英语中的所有表达方式并不都与韩国语的存在表达方式相对应。上述例句中,只有(1c)的英语所有表达方式与韩国语的存在表达方式是相对应的,其余的英语所有表达方式分别对应的是韩国语的形容词(1a)、他动词(1b)、具有形容词性质的动词(1d)、系词(1e)、自动词(1f)。下面的例子中,比起韩国语,英语似乎使用了更多的存在表达方式。

(2) a. I'm here to my son. 아들 데리러 여기 왔어요 .（我是来接儿子的。）

　　 b. We are in the middle of a history lesson. 지금 역사 수업 하고 있어요 . （现在正在上历史课。）

　　 c. You are under investigation. 당신은 관찰 대상입니다 . （你是观察对象。）

d. There's some swelling here. 여기가 좀 부었군요.（这里有点肿了。）

（2）的英语均使用了表示存在的表达方式，而对应的韩国语分别使用了动词的过去时和进行时（2a、2b）、系动词（2c）、具有形容词性质的动词（2d）来表现行为或状态。可见，"英语的句子偏向使用表示所有的表达方式，韩国语的句子偏向使用表示存在的表达方式"这一说法是否妥当，不同语言偏向使用哪种表达方式反映怎样的认知倾向，需要进一步调查与研究，不能仅凭几个句子就下定论。

通过以上例子，能够大致了解认知对比语言学的研究对象和研究内容，后续的内容将对这种比较和对比分析的具体方法进行探讨。

二、认知对比语言学如何描述语言现象

认知对比语言学中所需要的描述是对所发现的语言现象进行综合性的描述。虽然在学术领域，研究的最终目的是为了"解释（interpretation）"，但在解释之前，"描述（description）"非常重要。因为描述是找出对象的特性并为之建立体系的过程，而"说明（explanation）"是找出描述对象所表现的现象是什么原因造成的过程。只有描述做好了，以描述为基础的说明才能做好。描述的对象可能是事物，也可能是事件，也可能是抽象的思维。对于事物或事件，将看到的、听到的内容进行整理就是一种描述。比如，描述某个事物基本包含规模、颜色、材料、用途等多种内容；描述某种事件可能包括"何时、何地、谁、如何、为什么"等具体内容。语言学需要的描述对象是语言现象，既有像汉语这种主要靠语序表达语法关系的语言，也有像韩国语这种需要在句子成分上添加不同的助词和词尾表达语法关系的语言，还有很多语言现象是需要深入研究后才能发现的。因此，很多时候，描述语言现象需要经过细致观察和深入研究后才能实现。

1998 年由语言学家乔治·莱考夫（George Lakoff）和马克·约翰逊（Mark Johnson）合著出版的 *Metaphors We Lived by* 可以说是对语言现象的一种新发现。这本书列举了很多日常语言表达背后存在诸如把"时间"看作"金钱"、将"想法"等无形物看作"事物"、将"好的方面"理解为"向上的方向"、把"坏的方面"理解为"向下的方向"等隐喻性概念。虽然在此之前，并不是没有关于隐喻的相关论述，但乔治·莱考夫和马克·约翰逊通过对大量的英语表达观察，探索了这类表达是如何形成的问题，并确立了隐喻理论。之后许多语言学家研究了其他语言表达中的隐喻，并得出隐喻是所有语言普遍存在的语言现象这一结论。

另外,在描述语言现象时,如果只停留在对一两个案例的描述,没有太大的意义,必须尽可能多地找出同样的语言现象,进行综合性描述。所谓的综合性描述,不是仅通过对几个案例的分析来扩大或夸张地解释,而是要积极地进行整体性的探讨,找出可以被证明的事实并进行描述。例如,如果想从多义词蕴含的隐喻这一视角来观察汉语和韩国语的差异,至少要调查从日常生活中选出大量词语,找出它们发生隐喻扩展的类型,并统计其比例。要想描述某种语言的句子中哪种类型的表达方式较多,就要在文本中进行统计,计算其具有怎样的数值,并与其他语言进行比较等。统计本身并不是目的,但要想说明语言的形式如何,只有积极地研究整体性资料,才能实现综合性描述。

三、认知对比语言学如何解释语言现象

下面我们将探讨认知对比语言学如何对所描述的语言现象进行解释。解释只有在描述基础上,通过系统的说明才能达成。例如,如果解释某段话,就要让人理解各句子所表达的意思和逻辑关系;如果解释某一事件,就需要将事件的原因和结果联系起来;解释某种语言现象,就需要查明为什么会使用具有这种面貌的语言。吉翁(Givon, 1979: 374)曾举例,当看见有人坐在山上的石堆,伸开双臂面向天空时,我们既可以将其解释为"那个人在很伤心地思念死去的母亲",也可以将其解释为"他在向伟大的神祈祷"。也就是说,解释有可能对同一现象赋予不同的意义。

如何对语言现象进行解释呢?例如,对于鸟的叫声,韩国语用动词"울다(哭)"来表达,而英语和汉语中用动词"sing"和"唱"来表达。这种语言现象可以从不同的语言使用者对同一事物有不同的认识这一角度来说明。即,韩国语使用者听到鸟叫感到的是悲伤,而英语和汉语使用者听到鸟叫感到的是愉快。又如,韩国语和日语用来表达"紧急出口"的词语分别是"비상구"和"非常口",而在汉语中常常被称为"太平门"。其原因很可能是韩国语使用者和日语使用者将"紧急出口"看作"特殊时期出去的门",而汉语使用者将其看作"通往平安的门"。通过这种方式的观察和思考,可以解释语言现象中蕴含的人类思维方式,但这种解释也容易陷入研究者的主观认识。

对语言现象的解释仅靠语言学的学科背景是不全面的,往往还需要心理学、社会学、哲学的理论支撑。例如,韩国语有很多如"여의사(女医生)""여교수(女教授)""여경(女警)"这样在词头附加了语素"여(女)"的词语,从男性中

心社会这一角度寻找其原因是普遍的认识。但把这个问题和英语比较一下就会发现不同的结论。英语中，由于"PC language（political correct）"［即"政治上正确的语言"］的倡导，大量包含"man"的单词发生了转变，如"fireman"变为"fighter"，"policeman"变为"police official"，"mailman"变为"mail carrier"。实际上，韩国语中原来像"의사（医生）""교수（教授）""경찰（警察）"等表示职业的名词并没有男女之分，但随着这类职业中出现了女性，便有了在原职业名称前添加"여（女）"这一语素的现象。相反，英语中原来包含"man"的单词，随着女性也开始从事这样的职业后，便以没有性别概念的其他词语形式进行了替代。这样的语言现象差异介入了怎样的价值观差异是值得深入探讨的问题。

与性别相关的语言现象在第三人称代词中也有体现。15世纪到19世纪期间，韩国语的第三人称代词没有性别的区分。虽然有人认为这是因为以前没有必要对女性进行指代，但实际上这是错误的说法。因为在古文献中，指示女性时会使用同样用于指示男性的代词"이、그、뎌"。到了20世纪初，由于受到英语的影响，出现了与英语第三人称女性代词"she"相对应的"그녀"（김미형，1995：86-91）。从20世纪初韩国语受到英语的影响而出现男性和女性指称分化现象这一点来看，女性型单词（如女消防员、女巡警、女记者、女经理）的出现也可能与之相关。当然，从结果上来看，很可能是由于男女不平等意识而产生的，但对这种语言现象进行解释时，需要更多角度的思考与调查。

亲属称谓词的语言间对比可以很好地观察不同语言社会存在的人际关系差异。历史上，生活在大家族制度中的民族对亲属称谓词做了非常详细的划分，而重视社会阶级的民族则为表现人际间的上下秩序下了很大功夫。亲属称谓词是一种与人类思维有关的语言现象，研究这类语言现象也是认知对比语言学的重要课题。在社会语言学中，描述语言体系本身很重要，而在认知对比语言学中，需要将研究的焦点放在对语言体系差异的认识上。

人类认知的世界并不是真实的物理世界，而是经过人类概念化之后形成的世界，概念化的世界通过语言符号形成语言表达的世界。那么，语言表达的世界是什么呢？为了解这一点，我们就不得不观察各语言的差异。因为我们都处于相同的物理世界，只有通过对语言表达的世界进行对比，才能发现我们所认知的世界存在哪些差异，而发现这些差异的过程就是"解释"。但由于人类精神会以多样的方式映射于语言中，认知对比语言学上的解释也会具有一定的局限，需要其他学科的融合和补充。

四、认知对比语言学解释语言现象的方法是什么

本书中最需要慎重讨论的就是这个问题。在描述和解释语言现象上，认知对比语言学有什么特别的地方呢？认知不仅包括感知、记忆、语言、概念、思维判断、想象、推理等神经系统作用，还包括受文化和社会影响的判断形态等多种意识活动，从认知语言学的视角对语言之间的比较和对比结果进行的解释应该与社会语言学和文化人类学具有不同的性格。

在思考认知对比语言学的方法论时，首先要排除的就是想要在大脑中发现认知机制的脑科学领域。从生物学上看，有怎样的语言使用遗传，从神经医学上看，其算法是什么，以及以机械语言生产为目的的人工智能都属于这一领域范畴。这些研究无疑是认知性的研究，但却不是认知对比语言学的适用范围。因为从神经学上找到其根据并不是人类有意识进行的认知活动。正如前面所述，用小写字母标记的"cognitive linguistics"是将自然语言（natural languages）作为一种心理现象（mental phenomenon）进行的研究，而用大写字母标记的"Cognitive Linguistics"才是语言学界进行的认知语言学（이정화，2008：5）。从这点来看，生物学和神经学方面的认知科学不是本书涉及的内容。

人类有意识地进行的语言活动是一种认知作用。描述这类语言活动的特征，并对这些特征进行认知方面的研究才是本书要进行的工作。人类感知世界，并将其用语言符号表达出来，包含意义和形式这两方面的符号结构本身就体现人类思考世界的认知过程。但因语言不是世界本身，仅从一种语言不易观察出这种认知特性，只有通过语言对比才能明显表现出来。例如，单纯从"가자 지구（加沙地区）"这一指示特定战争区域的词语来看，我们很难意识到其中有什么特别的认知现象。但与英语"Gaza Ground"相对比，就会发现韩国语没有把发生战争的地区表达为"ground（运动场）"。英语"ground"具有"地面、土地、地皮、运动场、地板、庭院"等诸多语义，而韩国语没有可以统一包含这些语义的单词形式，在韩国语中，这些语义通过不同的单词形式表现出来。要探究为什么会有这样的语言表象差异，就需要对英语使用者和韩国语使用者对世界进行符号化的认识差异展开探讨。

经过语言的表象化阶段，到了用形成的语言来表现世界的阶段，就会出现更多的认知现象。要回答为什么我们心情好时会说"高兴得跳了起来"，痛苦时会

说"难受得撕心裂肺"等问题,同样需要对人类的认知面貌进行研究。目前,认知语言学界最受瞩目的研究成果就是人类的身体与经验的相关性。例如,"好"的概念往往通过"上"或"前"来表达,"坏"的概念往往通过"下"或"后"来表达。对于这类表达,可以将其中内在的隐喻概念与我们身体经验联系起来进行说明,莱考夫等认知语言学者所讨论的隐喻概念的身体基础指的就是这类例子。

认知语言学的另外一个重要说明机制是"图形(figure)、背景(ground)"。这个概念是格什塔尔特心理学首次提出的。임지룡(2008)通过 Ungere & Schimid(1996/2006:16)中提出的"显著观(prominent view)"和"注意观(attentional view)"对这个概念进行了说明。比如"自行车在大门的旁边"这句话没什么问题,但"大门在自行车的旁边"这句话却很奇怪。其原因在于,从显著性来看,"大门"应该是"自行车"的背景,而"自行车"才是"图形"。另外,在"汽车撞上了林荫树"这一事件发生的整个过程中,说话者只把注意力的焦点集中在"车撞到树上"的这一瞬间,直接导致只有这部分通过语言形式表达出来。

语义的非对称性也是认知语言学研究的主题之一。例如,长和短两个词虽然属于反义关系中的二元对立,但用来表达物体的长短时,韩国语中使用了"길이(长度)"而不是"* 짧이(短度)",说明语言符号存在一定的非对称性。另外,在"그것이 얼마나 길어(那个有多长)?"这一疑问句中,使用的不是"짧다(短)",而是"길다(长)";在"길고 짧은 것은 대봐야 안다(是长是短需要测量后才能知道)"这样的组合关系中,"长"要出现在"短"的前面。对于这种语言现象,"长"是积极的一方,物理上具有突显性,认知上具有优越性的解释表现出认知语言学所追求的是认知上的说明力。

认知语言学通过"认知模型(cognitive models)"来认识概念,其中以"文化模型(cultural models)"说明语言现象的例子有很多。例如,遗传模型、生育模型、养育模型、家庭模型,以及结婚模型一起构成了原型母亲的概念;"星期"的概念在以七天为一个周期的模型中才具有其意义。在一夫一妻制和婚龄概念的结婚文化中,英语单词"bachelor(独身男性)"才有 [UNMARRIED][ADULT][MALE] 的义素分析可能。

本书将通过以上广泛应用于认知语言学研究的方法对汉韩语言现象的异同进行说明,并分析这些语言现象的异同包含了怎样的认知基础。

第二节　认知对比语言学的目标

认知对比语言学同时具有理论语言学研究和应用语言学研究两大目标。前者原因在于对比研究需要前沿理论,理论创新促进对比研究;后者目的在于透过语言现象了解语言背后的认知方式并应用于实际。具体如下:

(1)通过与其他语言的比较来发现一种语言的特征。在研究一种语言的特点时,与其他语言特征进行对照分析,可以发现语言特征的独特性。语音、音韵、词语、短语、句子等语言单位都可以进行比较、对比,分析它们的语义特性、构成特性、表达特性等。认知对比语言学围绕时间和空间、生命度、有定性等人类认知的基本范畴,分析不同语言所反映出的共性特征及个性差异,并对语言学的一些理论假设和理论概括进行合理的扬弃或修正。

(2)通过语言特性来揭示人类认知特性。使用同样语言的集团可以称为语言共同体,语言共同体的认知特性是抽象的,很难观察,也很难科学地表述出来。但抽象的东西可以通过物理存在的资料而查明。语言所具有的普遍性和相对性决定了该语言共同体的认知也存在普遍性和相对性。通过认知对比语言学的研究,可以揭示人类认识世界、理解世界、表达思想的共性规律和个性特征,探寻语言与认知之间的内在关联。

(3)为外语教学和口笔译提供有效应用材料。认知对比语言学的研究成果可以帮助不同母语的外语学习者找到学习某种外语的最佳方法,提高外语学习效率。在口笔译领域,从认知对比语言学的视角对语言之间进行对比与分析,不仅可以更明确地认识到对象语言本身,还可以通过了解反映在其中的认知特性,获得更好的翻译创意。

(4)为政治、经济、文化各领域提供有用的信息。创建人类命运共同体需要不同民族求同存异,有效地交流思想。语言作为概念内容的外化形式,只有在充分理解表达方式异同的基础上,才能更好地实现文化交流、文化融合与共享的目标。认知对比语言学的研究将为这些方面提供非常有用的信息,服务国家发展需要。

虽然英语、汉语、俄语、德语、法语、日语等多种语言已成为对比语言学的主要研究对象,将韩国语与其他语言进行对比的研究也不少,但韩国语并未受到西方语言学界的重视,未能成为对比语言学研究的主要分析对象。近年来,汉语和韩国语的对比研究受到中国和韩国语言学界的关注,研究主题也涉及方方面面,大到类型学视角的对比、语序的对比、时态的对比,小到某一对应语素的对比、某一词语偏误分析、某一韩国语汉字词与汉语词的对比等。但汉韩对比研究需要前沿理论,只有在新理论的指导下,才能将汉韩对比推向新阶段。在认知对比语言学的理论指导下,汉韩对比研究可以探寻两民族语言表达背后的认知机制,将语言表层现象的分析导向深层的认知层面,实现透析两民族心理机制的研究目标。

第三节 认知对比语言学的分类

认知对比语言学是在对比语言学与认知语言学的基础上发展而来的,是认知语言学的分支学科[①]。对比语言学包括语音·音韵对比、语义对比、句法对比、语用对比、文体对比,认知语言学包括认知语义学、认知语法、构式语法等,认知对比语言学的子领域与对比语言学和认知语言学大体上是相对应的,可细分为认知对比语音·音韵学、认知对比语义学、认知对比句法学、认知对比语用学、认知对比文体学等。具体可见表 1-2:

表 1-2　认知对比语言学的研究领域

认知对比语言学的分类	研究主题	子领域
认知对比语音·音韵学	在语言范畴中对如何认识声音进行比较和对比,并研究反映在其中的认知现象	认知对比语音学 认知对比音韵学
认知对比语义学	对命名机制、语义关系、语义扩展、短语或句子的语义特征等进行比较和对比,并研究反映在其中的认知现象	认知对比词汇语义学 认知对比句子语义学
认知对比语法学	对合成词、短语、句子的句法特征等进行比较和对比,并研究反映在其中的认知现象	认知对比词法 认知对比句法
认知对比语用学	对问候、称赞、道歉、婉言法、强调法等多种表达方式和语用特征等进行比较和对比,并研究反映在其中的认知现象	认知对比语用学 认知对比言语行为

---

① 到目前为止,在认知语言学理论框架下的子领域有认知音位学、认知词汇学、认知语法、认知语义学、认知构式语法、认知词典学、认知语用学、认知语篇学、认知诗学、认知符号学、认知修辞学、认知翻译学、认知社会语言学、历史认知语言学、神经认知语言学、应用认知语言学等。

续表

认知对比语言学的分类	研究主题	子领域
认知对比文体学	对句子所用的文体进行比较和对比,并研究反映在其中的认知现象	认知对比文体学 认知对比篇章语言学

　　认知对比语言学几乎可以在语言学的各个子领域进行。其中,语义学视角的认知对比研究最活跃,这也与认知语言学的主要研究方法都从语义出发有关。

第二章 语音层面的认知对比语言学个案研究

语音、词汇和语法是语言的三要素。一直以来,不同语言间这三个要素的对比研究一直是语言学家关注的主题。但到目前为止,国内外汉韩语音对比研究主要是从语音学、音韵学等角度进行的,从认知角度来阐释两者共性与个性的相关研究寥寥无几。本章从认知视角进行汉韩语音对比研究,通过汉韩语音系统的对比,考察两种语言是通过怎样的语音形式表达语义的,并找出背后的认知动因。

本章旨在回答四个问题:(1)拟声词与认知是否有关系;(2)汉韩的语音系统表现出哪些象似性;(3)汉韩语音象似性的程度如何;(4)汉韩语音象似性具有哪些普遍性和特殊性。

第一节 拟声词与认知的关系

所谓"拟声词"[①],是用人类语言来表现自然声音的一种语言范畴。不同语言都有自己的拟声表达方式,并以各自特定的结构来描绘现实世界的声音,但面对同一种声音,由于两个民族观察角度、发音习惯、构词方式、民族心理特征和民族习惯等方面都存在不同,其结果就是描绘同一种声音时会赋予不同的语言形式。如狗的叫声,英语为"woof",汉语和韩国语中分别为"汪汪"和"멍멍";下雨的声音,汉语为"哗哗",韩国语为"주룩주룩"。虽然是模仿同一种事物的声

---

① 又被称作"象声词""状声词""摹声词"等,是模仿自然界声音而创造出来的词汇,作为一种语言符号存在于不同语言之中。

音,但不同语言用来指称同一种声音的拟声词存在或多或少的差异。这说明拟声词的音义关系之间具有一定的理据性,同时还存在一定的任意性,也就是拟声词的音义之间认知因素与人为因素共存。通过对拟声词这一语言范畴进行不同语言之间的对比,考察它们的结构特征,并探究其音义背后隐藏的认知因素,就属于语音层面的认知对比语言学研究。

从前人研究来看,拟声词相关研究成果非常丰富,学者们从不同的角度出发对拟声词展开了大量研究。尤其是关于拟声词性质、语法和修辞的研究在数量上占有明显的优势,但对拟声词语音方面的研究却不多,从音韵学的角度探讨拟声词与认知之间关系的研究就更少了,但拟声词的音节排序问题很早就受到了学者们关注。史蒂芬•平克(Steven Pinker)在对为什么不是"pong-ping"而是"ping-pong",不是"patte-pitter"而是"pitter-patter"这一疑问进行回答时①,曾指出,舌位前、高的元音比舌位后、低的元音先发音。尽管对于它们为什么要以这样的顺序排列,我们仍不能给出确切的答案,但可以通过一些事实对其进行论证。首先,像"这里—现在"这样与"我"距离近的单词形式所包含的元音和与"我"距离远的单词形式所包含的元音相比,前者的元音具有舌位更前、更高的倾向。英语中的"here"和"there""this"和"that""me"和"you"都符合这一倾向。其次,与"我"距离近的单词形式(如"这里")和与"我"距离远的单词形式(如"那里")共现时,与"我"距离近的单词形式基本出现在与"我"距离远的单词形式前,如英语"here and there(不说 there and here)""this and that(不说 that and this)""now and then(不说 then and now)"。如果通过三段论法(syllogism)来论证的话就可以得出:"me" = 前舌高元音(大前提),"me"在前(小前提),前舌高元音在前(结论)。正如平克(1994:163-164)所述,如果语义不决定单词的顺序,声音就要负担相应的责任,对这一现象的理论解释就是根据舌头以什么方式生成元音。同时,平克又分析了"为什么我们不说 dazzle-razzle,而说 razzle-dazzle"的问题。对此,他以辅音的"阻碍程度(obstruency)"差异进行了说明。所谓"阻碍程度"指的是妨碍空气流动的程度,其范围包括从单纯制造共鸣到强

---

① 平克(1994:163)中提到的类似例子有"fiddle-faddle, dribs and drabs, spin and span, riff-raff, mish-mash, flim-flam, chit-chat, tit for tat, knick-knack, zig-zag, sing-song, ding-dong, King-Kong, criss-cross, shilly-shally, see-saw, hee-haw, flip-flop, hippity-hop, tick-tock, tic-tac-toe, eeny-meeny-miney-moe, bric-a-brac, clickety-clack, hickory-dickory-dock, kit and kaboodle, bibbity-bobbity-boo"等。

制空气通过障碍物或完全封闭等情况。平克(1994:166)指出,以弱阻碍程度的辅音为开头的单词总是出现在以强阻碍程度的辅音为开头的单词前。至于为什么会出现这种情况,需要从认知语言学角度进一步探讨,这将使查明我们是如何接受外界信息的成为可能。

由上我们可以看出,虽然语音和意义之间到底存在怎样的关系还没有明确的答案,但是很多有力的证据支持拟声词的发音和词义之间有着密切的联系,这种联系不是任意的,具有一定的理据性,在一定程度上受人类认知的影响,下面我们将从三个方面对此进行论证。

首先,拟声构词是在物理相似性和心理相似度的基础上通过语音隐喻进行的。我们知道修辞格大多是建立在人类共同的认知模式上的,英国修辞学家纳斯菲尔德(Nesfield,1964:270-271)指出,修辞格主要有三大类,分别源自于人类心智的三种联想能力:比较或对相似性的感知,即相似联想(Association by Similarity);区别或对差异性的感知,即对比联想(Association by Contrast);联想或对邻接的印象,即邻接联想(Association by Contiguity)。而拟声修辞就是在相似或邻接认知模式的基础上形成的,其中,语音隐喻基于的是对相似性的感知。比如,自然界存在的声音不可胜数,但人类听觉器官和发音器官的能力是有限的,自然声音能被模拟成词必然要受语言系统所限制,也就是说,能被模拟的自然声音要与人类语音系统中的某些语音具有物理相似性。这种物理相似性必须是显性的,客观存在于自然声音和某种语言的语音系统之中。我们可以清晰地听到跳水运动员"扑通"跳入水下,也可以听到水龙头"哗啦啦"地流水,但是却找不到合适的拟声词来摹拟海水翻腾的声音。这是因为"扑通"声和"哗啦啦"的流水声客观地与汉语语音系统中的部分语音相似性,海水的翻腾声虽然能被人们感知,但却不具有与汉语语音共同的物理相似性,不具备可拟性。另外,事物之间的相似性具有程度上的差异,主观的心理相似度是摹拟声音造词过程中的必要依据。这种主观的心理相似度主要体现在两个方面:一方面,人们是依据主观的心理相似度来记音造词的,拟声词的语音并不完全等同于被摹拟的自然声音。被摹拟的自然声音和拟声词发音的"象似"仅是一定程度的象似,拟声词的一词多义现象就说明了这个问题。"轰隆"可以用来摹拟炮声、雷声和倒塌声,"click"既可以摹拟咔嚓声又可以摹拟鼠标的敲击声。另一方面,拟声词属于语言系统的一部分,某一语言拟声词的形成必然受其社会群体的约定俗成影响,这些社会群体相近的语言社会心理相似度很大程度上决定了同类声音拟声词的形成。不同的语言社会心理相似度又会产生相异的拟声方式,因此不同语言对同一自然声音的摹拟多有不同。以笑声的摹拟为例,汉语的"傻笑"声是"咯咯",英语为"giggle",汉语的"窃笑"声是"嗤嗤",英语为"titter"。不难看出,特定语言的拟声词是其音形义结构特征与自然声音结合的结果。这说明拟声造词是通过对客观声音的主观感知,在客观的物理相似性和主观的心理相似度共同的作用下得以形成的。

其次,拟声词语义转移的原因是发生了基于邻近性的认知转喻。比如,有的拟声词由指代声音转而指代发声体。如"蛐蛐"古汉语称"趋趋",原指蟋蟀的声音,现在常用来指代蟋蟀。"乒乓"本是球发出的声音,现在用来指代乒乓球。"Cuckoo"最初用来形容布谷鸟的叫声,现在多指布谷鸟。有的拟声词指称与该声音有关的具体事物。"Splash"由指溅水的声音转为指代"溅起的水或泥浆","bubble"由冒水泡或气泡的声音转指"气泡"或"水泡"。有的拟声词由指一种声音转为指代这种声音的发声动作,具有了动词的用法。"滴答"原指水滴落下的声音,现在还可以指"成滴地落下","吧嗒"原指抽旱烟时发出的声音,现在还可以指抽旱烟的动作。拟声词的这种语义转移是基于对邻近的感知,即转喻这一认知作用的结果。

最后,拟声构词的语音隐喻和发生语义转移时的转喻作用是由人们对语音的范畴化感知决定的。所谓语音的范畴化感知,是指在某种语言社会里,人们根据语言表达意义的需要,对无限多的语音单位进行分类和归纳,以便于感知、记忆和使用,对这些经过范畴化的音位的感知就是语音的范畴化感知。相似原则是人们对事物进行范畴化过程中的主要原则,人们常常将相似的事物感知为同类事物。在拟声构词的过程中,语音隐喻根据相似性将杂乱无章的自然声音模拟为音节清晰的语音,对相似的语音与其所指进行命名,是范畴化感知在语音感知方面的具体体现。拟声词的认知范畴化不是孤立的,而是连续的,行为、事件范畴是拟声词范畴化感知中的原型部分,拟声词的转喻是以其认知范畴中的概念凸显为原型进行定位的。因此,拟声行为和拟声事件中语音感知的不同视角是对其范畴化的认知理据,语音的范畴化感知是拟声词转喻的认知基础。

以上是对拟声造词和拟声词语义转移的认知理解,下一节将通过汉韩语音系统的对比,阐释汉韩语音象似性的特点,从音韵学的角度说明语音与意义之间的认知普遍性与特殊性。

第二节　汉韩语音系统的象似性

一、研究背景

自索绪尔倡导语言符号的能指（signifier）和所指（signified）之间的关系是任意的以来，语言的任意性（arbitrariness）一直被视为语言符号的支配原理。但与此同时，在一些语言符号中，理据性（motivation）也得到了确认。实际上，语言符号的任意性和理据性是程度上的差异，并不矛盾。随着认知语言学的兴起，语言的象似性作为与任意性相对立的概念，成为语言研究的重要课题。乌尔曼（Ullmann）、海曼（Haiman）、斯洛宾（Slobin）等语言学家认为，语言符号的象似性具有普遍性，在语言中占有支配地位。

与词汇、句子、篇章的象似性研究相比，关于语音象似性的研究相对较少，而且多局限在拟声构词（onomatopoeia）、联觉音组（phonestheme）①等反映意义的音韵形态所具有的"声音象征性（sound symbolism）"和象似性的探讨上，很难找到针对整个语音系统象似性的考察。其中，虽然弗斯（Firth）不相信语音和意义之间存在必然的关系，但是他收集了 slam、slide、slender、sprawl、sprightly 等象征词，讨论了 /sl-/、/spr-/ 等辅音组合的意义；布龙菲尔德（Bloomfield）反对语音和意义的相关性，但承认语音象征的存在，并指出 /fl-/、/gl-/、/sl-/、/kr-/、/sn-/ 等辅音组合的语义特性。语言中最具语音象似性的就是拟声词。乌尔曼将英语中的拟声词分为两类，一种是对声音进行直接模仿的"直接拟声词"，另一种有别于直接模仿自然的声音，是引起一定感觉的"间接拟声词"，并讨论了它们与意义之间的象似关系。福纳吉（Fonagy）在一篇名为"Why Iconicity"的论文中，首次使用了"语音隐喻（phonetic metaphor）"一词，并从语音和语音所代表的意义之间的相似性出发解释了这一概念。

---

① 由弗斯（Firth）于 1930 年提出的"联觉音组"是指"非明显词素的'语音—含义'匹配对"（Bergen，2004）。此后，诸多学者如布龙菲尔德（Bloomfield，1933）、雷伊（Reay，1991）、威廉姆斯（Williams，2013）等都对这种"语音—含义"匹配对进行了研究，并纷纷给出各联觉音组的语义解析。作为联觉音组示例，弗斯（Firth）给出的是"sl-"，指出"slack、slouch、slush、sludge、slime、slosh、slash、sloppy"等词在不同程度上都含有贬抑之义，而"sl-"则承载了此含义。

中国学界关于语音象似性的研究也有不少成果,如朱宪超(2003)、赵亮(2006)、刘丹青(2008,2009),但研究的对象大部分是英语。韩国学界的정인성(1938)、이희승(1955)、남풍현(1965)、이숭녕(1978)、채완(1987)等主要对由韩国语元音的语音特征而引起的语义分化进行了探讨,김형규(1977)、조석종(1980)、임규홍(2006)等分别探讨了韩国语的初声和终声所表现的象征意义。语音象似性不仅程度低,且很难找出确切的理据,有时即使找到了,也有很多例外,但这并不能否定语音和意义之间存在象似性。

从前人研究来看,关于语音象似性的研究主要是针对某一语言的某一特定音韵范畴进行的讨论,缺少针对不同语言的整个语音系统进行的对比研究。因此,本节立足于语言的结构和内容之间是有理据的这一观点,通过汉语和韩国语的对比,揭示两者的语音象似性特点。一方面可以通过展示语音和意义之间的相互关系,证明象似性不单单存在于词汇、句子、篇章等语言单位中,在语言的所有范畴都可以被观察到。另一方面通过汉语和韩国语的对比,可以确认语音象似性在不同语言中具有的普遍性和特殊性。

本节的主要研究内容如下。

首先,回顾前人对象似性的探讨,概述语音象似性的特点和研究现状。

其次,对汉语和韩国语的语音系统中可以观察到的象似性按"分节音""超分节音""音节"三个音韵单位进行分类,并对比分析各个音韵单位的象似性程度。

再次,探讨汉韩两种语言的语音象似性表现出的普遍性和特殊性。

最后,总结本节内容,并提出尚未解决的问题。

二、理论框架

象似性理论(Iconicity Theory)作为当代认知语言学中的重要理论,受到国内外学者的广泛关注与研究。目前,学界对象似性的概念还没有统一的定义。"象似性"这一术语是由符号学家皮尔斯(Peirce)提出的,他根据形式和内容之间存在的理据程度,将符号定义为"象似(iconic)符号""指示(indexical)符号""象征(symbolic)符号"三种。其中,象似符号是指符号和它所指示的对象之间存在"相似性(resemblance)",照片、图片等就属于这一种;指示符号指符号与它所指示的对象之间形成"自然联系(natural connection)",如下雨前天空中的乌云或起火时产生的烟雾;象征符号是指符号与它所指示的对象之间形成任意的、规约的关系,语言符号一直被视为是一种象征符号。国内对象似性的研究以许国璋先生(1988)第一次将"iconicity"翻译为"象似性"为开端。沈家煊(1993)对该词做了如下定义:语言的象似性是相对于任意性而言的,它是指语言符号的能指和所指之间有一种自然的联系,两者的结合是可以论证的,是有理可据的。语言结构的象似性就是语言结构直接映照人的概念结构,而不仅仅是一般的体现概念的结构。严辰松(1997)认为,临摹性指的是语言结构从某种程度上反映人们所经验的世界结构,并把语言理据分为广义和狭义两种。广义的理据分为外部理据和内部理据。外部理据包括拟声、拟象、临摹理据、省力理据;内部理据包括形态、语音、语义。就国内象似性研究来看,内部理据研究较多。内部理据中以形态象似性,尤其是句法的象似性为最,语义象似(即词汇象似性)研究次之,语音象似性研究最为薄弱。张敏(1997:148)以海曼的定义为基础,把象似性描述为"当某一语言表达式在外形、长度、复杂性以及构成成分之间的各种相互关系上平行于这一表达式所编码的概念、经验或交际策略时,我们就说这一语言表达式具有象似的性质",这个定义偏重句法结构的象似。相对来看,王寅(1999)的定义"语言符号在音、形或结构上与其所指之间存在映照相似的现象"就全面些。通过这些定义或解释不难看出,语言符号的象似性反映了人们在认识世界过程中,是通过主观感受与客观世界相结合而形成的一种对客观世界的认知体现。本节要探讨的就是语言符号在语音上与其所指之间的象似关系。

另外,象似符号可以按抽象性的程度和相似性所占的比例细分为"影像式(imagic)象似""图形式(diagrammatic)象似""隐喻式(metaphorical)象似"三类[①]。其中,影像式象似主要指如山水画、人物画一样把实体按其样子画出来;图形式象似主要指如地图那样将实体的各个部分按一定比例进行重新调整,并以约定的符号来表示;隐喻式象似主要指将实体的状态或运动以暗示的方式表现出来。如果从这样的分类来看语言符号,模拟自然界音响的拟声词应该属于影像式象似,象形文字则属于图形式象似,因为它复制了其意义的组织原理,隐喻式象似表现为符号和第三者之间的关系,在谚语和广告语中经常出现(参见김동

---

① 束定芳(2000:14)曾指出皮尔斯区分了记号(icon)的三种情况:形象(image)、图像(diagram)和隐喻。这三者之间的区别主要是根据语言结构与现实世界的相似性程度和语言符号的抽象性程度划分的。形象(如肖像)是种完全的相似;图像(如地图、设计图)是一种结构上的相似;而隐喻表达的是一种平行关系,即通过指出某物与另一物之间在某方面的相似性来表达某物。

환,1997:238;王寅 2003:5)。

综上所述,语音象似性与发音器官在发出语音时所处的位置、动作、形状,以及语音所表现出来的各种联想有关。语音象似性具有利用象似性原理,使听者能根据语言符号的语音特征联想到外部世界的特定事物或现象的特点。但因不同语言群体受不同认知能力、社会文化环境以及语言自身音位系统的制约与影响,语音象似性在一些语言中程度较高,而在另一些语言中程度较低。

三、汉韩语音单位中的象似性

为了探索语音象似性在汉语和韩国语音韵体系中的整体面貌,分别对汉韩语音系统的三个音韵单位,即分节音、超分节音、音节进行对比分析[①]。

(一)分节音的象似性

"分节音(segment)"按照音韵分析的精密程度可分为"音声(phone)"和"音素(phoneme)"两大类,其中音声是对母语者无法识别的语音差异进行精密分析而划分出来的分节音,而音素是以母语者所识别的语音差异为标准而分析出来的分节音(배주채,2015:28)。也就是说,音素实际上指的是语音单位里的音位,主要有元音和辅音,而音声则包括音位变体。下面主要以元音和辅音两类音素为中心来探讨汉语和韩国语的语音象似性。

首先,我们来看看汉语和韩国语的元音所表现出来的象似性。

(1) a. 小(xiǎo)—大(dà) 低(dī)—高(gāo) 狭(xiá)—广(guǎng)

    b. 细(xì)/渺(miǎo)/巧(qiǎo)—庞(páng)/胖(pàng)/豪(háo)

(2) a. 발갛다 - 벌겋다　하얗다 - 허옇다　보얗다 - 부옇다

    b. 반짝 - 번쩍　새들 - 시들　따끔 - 뜨끔

在(1)的汉语中,[i] 多出现在表示"小"义的词中;[a] 常用于表示"大"义的词中[②]。在(2)的韩国语中,"ㅏ、ㅑ、ㅗ、ㅛ、ㅐ、ㅘ、ㅚ、ㅙ"等属于低元音,其发音给人以明快、轻盈的感觉;"ㅓ、ㅕ、ㅜ、ㅠ、ㅡ、ㅣ、ㅔ、ㅖ"等属于高元音,其发音

---

① 语音可分为分节音和超分节音两大部分。比如,辅音、元音等属于分节音,汉语声调和韩语音节的长短等属于超分节音。

② 乌尔坦(Ultan)对 136 种语言中的元音进行了研究,指出元音与大小的相关性存在于大多数语言中,具有很高的一致性。即前舌高元音意味着"小",后舌低元音意味着"大"。这就是"大小与声音的象征(size-sound symbolism)"假设。

给人以阴暗、沉重的感觉。这说明由于发音方法不同,元音表现出不同的语音特征。在汉韩语中,开口度大、舌位低的元音与开口度小、舌位高的元音表现出一定的语义对立,其中,汉语主要形成的是"小"与"大"的语义对立,而韩国语主要形成的是"轻"与"重"的语义对立。

其次,我们来看看汉语和韩国语的辅音所表现的象似性。

(3) a. 点(diǎn):滴(dī) 顶(dǐng)

线(xiàn):隙(xì) 弦(xián)

面(miàn):门(mén) 蒙(méng)

b. 圆(yuán) 圈(quān) 团(tuán) 卷(juǎn)

环(huán) 旋(xuán) 转(zhuǎn) 卵(luǎn)

c. 幕(mù) 墓(mù) 暮(mù) 昧(mèi) 霾(mái)

雾(wù) 幔(màn) 晚(wǎn) 茂(mào) 密(mì)

茫(máng) 冥(míng) 梦(mèng) 蒙(méng) 盲(máng)

(4) a. 가맣다 - 까맣다 번다 - 뻔다 설렁하다 - 썰렁하다

b. 빙빙 / 뻥뻥 / 펑펑 졸졸 / 쫄쫄 / 출출 덩덩 / 떵떵 / 텅텅

如(3a)所示,汉语中,d[t]等舌尖音多用于表示"点"的形态,x[ɕ]等舌面音多用于表示"线"的形态,像 m[m] 这样的双唇音多用于表示"面"的形态①。这些辅音的发音位置具有接触范围逐渐增大的特征,表现出一定的象似性,但为了得出更有说明力的结论,需要更多的示例证明;在(3b)中,可以看出圆唇的辅音常用于指示"圆形"义②,而(3c)中,辅音 [m] 常用于指示"黑暗"义。如(4)所示,韩国语中的"ㄱ、ㄷ、ㅂ、ㅅ、ㅈ"等松音给人一种微弱的感觉,而"ㄲ、ㄸ、ㅃ、ㅆ、ㅉ"等紧音和"ㅍ、ㅊ、ㅌ"等送气音给人一种强大的感觉③。这些辅音也由于发音位置或发音方法的不同表现出不同的语义特征。就汉语来说,可根据发音位置的接触范围或圆唇性或摩擦性等发音特征来表达相关语义,而韩国语可根

① 关于汉语辅音象似性的研究极少,这里参考了施静(2015:215)中的示例。

② 李弘(2005)曾讨论过汉语的元音"u、o"用于表示"圆形",例如"花园、城市、碗、赤、赤、圈、拳、珠、球"。

③ 임규홍(2006)对韩国语音节初声中的 [ㅁ] 和 [ㅂ] 与意义的关联性进行了考察,但是以 [ㅁ] 和 [ㅂ] 为初声的词语中,由于 [ㅁ] 和 [ㅂ] 的对立而形成对立意义的单词在整个词语中所占比例并不高,所以只表现出了一定的倾向性。

据发音器官的紧张程度表现强弱语义的对立。

可见,汉语和韩国语中,元音和辅音都可以根据不同的发音特点表达一定的语义倾向,具有一定的象似性。其中,韩国语依靠阴性元音与阳性元音的交替或通过辅音的松音与紧音交替表现出比较稳定的语义对立,汉语虽然可以通过个别音素所具有的发音特征来表现与这种发音特征相关联的某种语义,但却有很多例外。

(二)超分节音的象似性

"超分节音(suprasegment)"作为与分节音相对的概念,主要指音长、音高、音强三类,其中汉语主要通过音强的不同来区别意义,而韩国语可以通过音长的不同来区别意义①。下面通过具体示例对这些超分节音的象似性进行说明。

汉语根据音高不同主要有四种声调(tone),这些声调也具有一定的象似性。

(5) a. 清(qīng)　天(tiān)　飘(piāo)　漂(piāo)　飞(fēi)

　　 b. 重(zhòng)　地(dì)　降(jiàng)　坠(zhuì)　堕(duò)

(6) a. 闷(mēn)　横(héng)　难(nán)　纹(wén)　奔(bēn)

　　 b. 闷(mèn)　横(hèng)　难(nàn)　纹(wén)　奔(bèn)

从(5)中可以看出,汉语中的一声多用于表示轻松明亮的语义,而汉语中的四声则多用于表示沉重昏暗的语义。(6)中,当同一个语素有两种声调时,四声表达的语义往往比一声或二声更强②。

在韩国语中,由于长短音的对立导致语义发生改变,主要可以分为两种情况。

(7) a. 배:다(浸透,渗出)－배다(密,稠密)

　　 b. 말:(言)－말(马)－말(斗)

　　 c. 눈:(雪)－눈(目)

(8) a. 병:(病)－병(瓶)

　　 b. 배:(倍)－배(杯)

---

① 在汉语和韩国语中,语气也可以用来区别意义,如两种语言中的陈述句和疑问句。

② 林焘和王理嘉(2016:139)曾指出声调的高低变化影响声音的长短和声音的强弱,汉语普通话的四个声调中,四声最短最强,三声最弱最长,而一声和二声位于音长和音强的中间位置,一声比二声略长。

　　　c. 성:(姓)-성(城)

　　(7)中的固有词属于"词汇型长短音(어휘적 장단음)"。它们虽具有相同的形态,但由于发音时的音长不同,语义有了区别。用长音表示的词多表现出动作性或抽象性,用短音表示的词多表现出状态性或个体性,但这并不是没有例外。如固有词"밤(栗)"和"밤(夜)"就违反了这种象似性,两者不能用这种方式加以区分。(8)中给出的词语与(7)相似,由于音长不同,具有不同的语义,但它们都是汉字词的这一点上与(7)有差别。通过观察(8)可以发现,对应的汉字在汉语中发音为三声和四声时,在韩国语中的发音基本为长音,对应的汉字在汉语中发音为一声和二声时,在韩国语中的发音基本为短音,表现出一种象似性。即,汉语的音高与韩国语的音长成正比的关系。在"단:모음(短元音)"和"단모음(单元音)"、"방:화(放火)"和"방화(防火)"、"연:기(演技)"和"연기(烟气)"等汉字词中也可以确认它们具有这样的象似性^①。

（9）a. 높다［놉:따］　넓은［널:븐］　더럽다［더:럽따］　길쭉하다［길:
　　　쭈카다］
　　b. 금방［금:방］　아주［아:주］　훨씬［훨:씬］　힘껏［힘:껃］
（10）a. 조용하다［조용:하다］　뜨뜻하다［뜨뜨:타다］
　　　둥그스름하다［둥그스름:하다］　길쭉하다［길쭈:카다］
　　b. 꾸벅꾸벅［꾸벅:꾸벅］　비틀비틀［비틀:비틀］
　　　어슬렁어슬렁［어슬렁:어슬렁］　문이 스르르［스르르:］열렸
　　　다

　　(9)和(10)中的单词属于"表现型长音(표현적 장음)"。它们原来为短音,但在实际发声过程中,由于受说话者的情感影响而表达成长音的形式。如(9)所示,词头发音为长音,多出现在形容词或副词中,用来强调程度。如(10)所示,非词头发音为长音,多出现在"-하다"类形容词或拟声、拟态词中,用来强调空间上的大小、时间上的长短、程度上的强弱等。在韩国语中,词汇型长短音与单词的语义有关,与说话者的感受无关;而表现型长音与单词的语义无关,与说话者的感受有关。前者的长音和短音是由单词的语义决定的,不能由说话者来选择;

---

① 这种象似性只表现出一定的倾向性,如"난민(难民)"和"난:민(乱民)"、"정당(政党)"和"정:당(正当)"等就是反例,需要进行更精密的调查。

而后者的长音取决于说话者的选择,是由说话者的感受决定的。因此,词汇型长音被标注在字典里,而表现型长音不能被字典标注。

通过以上可以看出,在汉语和韩国语中,超分节音也表现出一定的象似性,但由于两种语言的不同音韵体系制约,象似性分别以不同的方式得以实现。

(三)音节的象似性

音节作为分节音的上一层级语音单位,由一个或多个分节音连成一行组合而成。所有的词都是由一个或多个音节组成的,它们按组成的音节数量又可分为单音节词、双音节词、三音节词等。前人研究中,关于拟声词的象似性研究最为普遍①,与此同时,关于指示代词的语音象似性研究也受到了学者们的关注。下面以汉语和韩国语的指示代词为例,考察它们在音节中表现出来的象似性。

伍德沃斯(Woodworth,1991)发现指示代词在各语言中具有普遍的语音象似性。其研究表明,距离的远近是指示代词的核心意义,而指示代词中存在的语音象似性可以通过远近对立与语音之间的关联性得以确认。哈泽(Haase,2001)指出大量语言的指示词具有声音象似性,尤其表现为元音的象似性。在前人的研究和调查的基础上,我们来看看汉语和韩国语指示代词的语音和语义之间有着怎样的关联性。

(11) a. 这 / 那

b. 이 / 그 / 저

如(11)所示,汉语的指示代词采取是二分法,而韩国语的指示代词采取的是三分法。

首先,我们来看组成这几个单音节词的元音具有哪些特征。汉语指示代词"这"和"那"的元音分别是"/ɤ/"和"/ʌ/",韩国语指示代词"이""그""저"的元音分别为"/i/""/ɯ/""/ʌ/"。如果将这些元音按舌位前后和高低进行排列,可以得到的顺序为"/i/ > /ɯ/ > /ɤ/ > /ʌ/ > /ʌ/"。也就是说,在汉语和

---

① 莱布尼茨(Leibniz)主张语言是通过拟声的原则而产生的。例如,"妈妈"在英语中是"mum",法语中是"maman",俄语中是"Mama","爸爸"在很多语言中都是"papa"。也就是说,虽然语言的音韵体系不同,但称呼父母的发音非常相似。陈北郊(1989)提到《论语·里仁》中指出"父"和"母"分别是通过婴儿高兴时和害怕时无意识地表现出来的声音而形成的拟声词。

韩国语中,构成近称指示代词的元音在发音时,舌位的前后和高低相对靠前、靠上,构成远称指示代词的元音在发音时,舌位的前后和高低相对靠后、前下,这似乎与指示代词表示的远近形成对应关系。

其次,从辅音来看,构成汉语指示代词的辅音分别为"/tʂ/"和"/n/",构成韩国语指示代词的辅音分别为"/Ø/""/k/""/ʧ/"。这些辅音根据发音位置和发音方法分别属于清辅音(发音时声带不振动)、浊辅音(发音时声带不振动)和鼻辅音等类型。根据响度的不同[①],其顺序为"鼻音＞浊辅音＞清辅音"。这说明,无论汉语还是韩国语,表示近称时,使用的辅音音量较大,表示远称时,辅音音量较小。这似乎与离得近时声音相对较大,离得远时声音相对较小有关。

由此可见,音节的象似性主要通过词汇之间的关系才能确认,虽然这里仅以指示代词为例进行了汉韩对比,但在亲属称谓词、空间方位词等词汇范畴中,也可以发现一定程度的象似性[②]。总之,语音象似性在汉语和韩国语的所有音韵单位中都可以被观察到,但两种语言属于不同的语系,其音韵系统也存在很大的不同,导致两种语言的语音象似性各有特点。

四、汉韩语音象似性的特点

基于前面的对比,下面将分析语音象似性所具有的普遍性和特殊性,以及语音象似性研究所具有的意义。

(一)语音象似性的普遍性与特殊性

通过汉语和韩国语的对比,可以确定语音象似性存在于两种语言的所有音韵单位中。김동환(1997:233)认为,语言的任意性是将某些语言单位视为相互独立时所表现出来的性质,而象似性是在考虑语言单位的排列方式时所表现出来的性质。임지룡(1995:4)也曾指出,就语言单位本身而言,个别是象征性的,

---

① 不同音素类别的音响度级别为:元音＞介音＞边音＞鼻音＞阻塞音。具体说来,元音＞辅音;开口度大的元音＞开口度小的元音;非前高元音＞前高元音;边音＞鼻音＞擦音＞塞擦音〉塞音;送气的＞不送气的。指示代词语音的音响度与近指、远指的系统地对应。

② 刘丹青和陈玉洁(2008:289)提到,通过对古时发音的考察,汉语中一些表示动物名称的词语发音,与该动物的叫声相似,一些描述用嘴或手做的动作动词,其发音的口型与形成这些动作时的口型相似或其发音做这些动作时发出的声音相似,这些词的语音和语义之间也具有象似性。如"猫、鸭、鹅、(乌)鸦"等动物名称,以及"喷、呼、哈(气)、啐"等指示嘴动作的动词和"拍、撕"等指示手动作的动词。

但就它们的排列而言,基本上是图形上的象似。通过前面的讨论也可以看出这一点。我们很难通过观察韩国语的阳性元音和阴性元音本身,或韩国语的松音、紧音、送气音等辅音本身发现它们具有什么特殊的含义,但通过对比由阳性元音和阴性元音的交替,或由松音、紧音、送气音的交替而构成的词语时,这些音素与意义的关联性才能突显出来。这说明大部分的语音象似性并不是通过个别的音素或音节来发现的,而是通过多个音素或音节之间的比较才能发现的语言现象。

事实也证明,语音象似性在不同的语言中具有程度的差异。正如前文所述,在汉语和韩国语中,元音和辅音所具有的区别性特征差异可以体现语义的差异。其中,韩国语的元音交替和辅音交替所表现出来的象似性具有一定的普遍性,而汉语所表现出来的语音象似性只反映了一定的倾向性,存在很多的例外。可以说,语音象似性不是有无的问题,而是程度的问题。即,在一些语言中,语音象似性的成分较多,而在一些语言中,语音象似性的成分相对较少。也就是说,语音象似性虽然存在于所有的语言中,但具有在不同的语言中表现出不同程度的普遍性。

其次,语音象似性在不同语言中会通过不同的音韵形式实现,这也说明了语音象似性在不同的语言中具有一定的特殊性。语音象似性的具体表达方式与特定的语言或文化关系密切,正如前文所述,在韩国语中,可以用音长的对立表示相对的语义,而在汉语中,可以用音高的对立表示相对的语义。韩国语主要是通过音素的交替来呈现对立的语义,而汉语主要是通过个别音素的区别性特征来呈现不同的语义特性,这些都是受韩国语和汉语本身音韵体系制约的结果。

另外,语音象似性不仅有生理因素,也有文化因素。汉语和韩国语都存在通过低元音和高元音的对立表现"大"与"小"的对立语义。但在汉语中,低元音却代表"大",而高元音代表"小";而在韩国语中,低元音代表"小",高元音代表"大"。这似乎是由于两种语言对音韵特征的不同侧面赋予不同认识的结果。

(二)语音象似性的意义

语音象似性的研究对于语言符号的本质、语言的起源和发展,以及儿童的语言习得和第二语言学习等方面都能起到重要的作用。

第一,语音象似性具有一定的理论价值。语音象似性的研究为认知语言学理论体系的确立提供了素材,丰富了认知语言学的研究范畴。在认知语言学的研究领域中,象似性是非常重要的研究对象,但到目前为止,相关的研究集中在词汇和句法范畴,对语音方面的研究并不多。随着研究的深入,对语音象似性的认识不仅可以使认知语言学的理论更富有解释力,而且也有助于把握语言的起源和发展。阿洛特(Allott, 1973)通过声音和语义之间的相关性提出了语言起源的图象理论,他认为语言符号在刚产生时是"象似性(iconicity)",但渐渐地被"指标性(indexicality)"或"符号性(symbolicity)"所代替。

第二,语音象似性具有一定的实践价值。正如임지룡(2004:195)所主张的那样,象似通过我们的经验和倾向性反映到语言结构中,在语言使用中产生记忆的便利性和效率性的最大化效果。语音象似性的主要实用领域就是文学语言和商业语言的创作。在诗歌或儿童文学作品中,利用语音的象似性可以制造出强调、对比、幽默、讽刺等表达效果。广告语常常使用语音象似性来提高修辞效果,文学作品中的人物名字、商品品牌名称、新生事物名称表面上是任意的,但实际上也会大量利用语音象似性。但这种象似性也存在一定的制约,就是一种语言中存在的语音象似性不能直接应用到另一种语言中,即使应用到另一种语言中也会丧失其原来的表现力。因此,语音象似如何跨语言来表现需要进一步的研究。

语音象似在外语教学中也有广泛的应用前景,许多外语词汇都表现出一定的语音象似性,掌握这些音义象似关系可以增进对词汇的记忆。语音象似性在词汇学习中还具有一定的趣味,起到强化词汇记忆的作用。因此,外语教育者普遍认为提高对一种语言的象似性认识,会更容易解释该语言形式与意义之间的关系,便于学习者理解与记忆。外语学习者也认识到目标语所具有的象似性往往也可以适用于母语,了解语音象似性有利于加快外语理解的速度。例如,如果把具有同一形态的韩国语长短音通过前面对比的方式进行解释说明的话,学习者会更容易记住这些长短音的语义差异。

但由于语音象似性的偶然性高于词汇、句法等其他语言单位的象似性,其研究范围同时具有一定的局限性。本节通过汉语和韩国语的对比,重新审视了以往研究中提及较多的音韵现象,但对于语音象似性还需要更全面系统的深入研究,以发挥更大的研究意义。

五、小结

语言形态与意义的关系研究是语言研究的重要环节,一直以来存在多种视角的探讨,而语言象似性是对语言任意性的挑战。语言形态与意义之间的象似性虽然很早就受到学者们的注意,但语音中的象似性研究还停留在起步阶段。本节将汉语和韩国语的音韵系统分成分节音、超分节音、音节三部分,并对这三种音韵单位的形式与意义之间的联系进行了对比分析。通过对比,可以确认汉语和韩国语语音所表现的某些音韵特性与该语音所表达的语义有一定的相关性。现将本节的研究内容概括如下。

首先,语音象似性可以定义为存在于语音和其所指对象之间的相似性,与产生语音的发音器官所处位置、动作、形状以及语音所表现出来的各种联想有关。

其次,语音象似性在汉语和韩国语的各音韵单位中都能被观察到,但由于音韵系统的差异,它们以不同的方式得以实现,并受到认知能力、社会文化环境等因素的制约与影响,在程度上表现出一定的差异。

再次,对语音象似性的研究既具有理论价值又具有实用价值,特别是在词汇学习和外语教学中可以引起兴趣,减少记忆词汇的负担,增进对词汇发音和语义之间的联想。

虽然语音象似性的研究因语音象似性具有一定偶然性而处于语言研究的边缘地位,但我们不能忽视它的客观现实性和心理真实性,今后需要通过更多的调查和示例来发现更广泛的语音象似性。

第三章　词汇层面的认知对比语言学个案研究

词汇是一种语言里所有的词和固定短语的总和。虽然词汇不是一个封闭的系统,我们可以不断地创造新词,不同语言中所包含的词语数量也不尽相同,但通过不同的方式,利用现有的词语或词语的组合去表达新的语义却是所有语言中存在的普遍现象。然而,我们利用词语去指称世界万物时,不同语言对世界的分类却表现出不少差异。因此,对不同语言的词语范畴进行语义上的对比,不仅可以找出它们在语义生成上存在的异同,还能进一步观察其背后存在的认知差异,这种研究就属于从词汇层面进行的认知对比语言学研究。

本章旨在回答三个问题:词义与认知有什么关系? 汉语和韩国语的对应词语范畴在语义生成上都具有哪些特征? 汉语和韩国语的对应词语范畴所表现出的语义特征蕴含了怎样的认知原理?

第一节　词义与认知的关系

词义是词的含义,主要分为词的本义和引申义。其中,本义为词的最初含义。以本义为出发点,词在发展过程中又会产生若干个与本义相关但并不相同的意义,即词的引申义。随着语言及认知科学的发展,人们认识到认知在人们认识世界的过程中起了很大作用,语言不能直接反映客观世界,而是反映人们对客观世界的认识,认知具有对经验进行重组的功能,语言是认知对世界重组的结果。从这一角度来看,词义的产生并不是任意的,在很大程度上受人的经验和认知影响。

我们先举一个明显的例子。汉语的"头"的含义构成下列共时语义范畴：
① （人）头部；② （动物）头部：（物体）顶端：（事情）终点、起点：③ 领导，头目：
④ （动物、物体）数量：⑤ 头发或头发样式。这些义项哪个先产生，哪些后产生，
它们之间的关系如何，需要进一步探讨。对认知的研究表明，人们认识事物是有
一定规律的，其一是将相似的事物看作同类事物，这是相似原则。认知的普遍规
律是以较熟知的具体事物来认识与之相似的较抽象事物，即具体域向抽象域的
投射。而且根据认知语言学的"人类中心说"，人们认识事物总是以自己的身体
为认知的基本参照点，进而认识周围的事物，再进一步引伸到其他抽象的概念。
海涅（Heine）等人将人类认识世界的认知域排列成一个由具体到抽象的过程，认
为这是人们进行认知域投射的一般规律：人 > 物 > 事 > 空间 > 时间 > 性质。
词义的发展是不是完全按照这一顺序，还有待进一步考证，但可以肯定的是，属
于后面认知域的义项是从属于排列在它前面的认知域的义项演变而来的，而不
是相反的过程。据此，可以构拟"头"的语义演变过程：

$$\text{（人）头} \xrightarrow{\text{（动物）头}} \text{（物体）顶端} \xrightarrow{\text{（事情）终点、起点}} \text{（单位、部门）领导，头目}$$

这种从具体到抽象认知域的投射即隐喻，是相似原则在其中起了作用。那
么，④和⑤的义项是如何演变而来的呢？人们认识事物的另一原则是临近原则，
即认知心理倾向于把相临的两个成分看作一个单位。在语言上表现为用同一词
语指称一个事物的同时，还可以指称与这个事物相关或相近的另一事物，如［形
式（容器）代替内容（容器内承装的物体）］［局部替代整体］。这一认知机制即为
转喻。很明显，④义项是由①和②义项的转喻而来。"头"是一切事物的重要部分，
"头"就可以代表整个事物，成为量词。"头发"长在头上，用"头"转喻指"头发"
或"发式"也就很自然了。可见，"头"的各个义项之间具有明显的隐喻和转喻色
彩，是人们认识事物的相似原则和临近原则起作用的结果。表示"人或动物的头
部"的含义是最基本、最先产生的，我们称为"原型义"或"基本义"，其他义项因
与这一义项具有某种关联（隐喻或转喻关系）而成为同一语义范畴，有的已经成
为该词的"字面义"，有的仍保留明显的"修辞"特征，但由于已成为一种常规关
系，也被列入词典词义条目中。

从国内外的认知词义研究文献中，可以概括出认知词义学关于词义理论的
四个基本观点：① 概念化和一般认知能力在意义建构中起着关键作用，词义的

形成是多种内外因素共同作用的结果,其中人的认知是重要的制约因素。意义首先具有话语属性,不能脱离语境探讨语义。因此,词义既取决于词语的原型义和构式义,同时也依赖语言使用者的认知体验,包括对各种语境因素和知识的识解。② 词项与词类和语法构式都是概念范畴,其研究必须参照认知功能,而不能参照纯粹的形式语言学原则。③ 词汇范畴与语法范畴之间没有明显的界限,相反它们之间构成一个连续体,两者之间的区分只是一个程度问题。④ 词义的发展是通过人类认知手段,由词的中心义或基本义向其它意义延伸的过程,是人类认知范畴化和概念化的结果。此外,以吉拉兹(Geeraerts,2010:182)认为,认知语义学对于词义研究的贡献主要在于以下四个方面:范畴结构的原型模式、隐喻和转喻的概念理论、理想化认知模型和框架理论以及意义变化研究,并据此从以下三个方面提出了更为简明的认知意义观:意义具有语境和语用上的灵活性;意义是超越词界的认知现象;意义与视角有关。

以上分析可见,一词多义(不同于同形异义现象)等词义现象是人类认知能力的反映,隐喻和转喻等认知机制在词语语义范畴形成过程中起了重要作用。下面我们将通过汉韩亲属称谓词、反义同形词(同词反义现象)、正反义联合式合成词的对比,阐释它们在语义上具有的异同点,并分析其背后的认知原因。

第二节　汉韩亲属称谓词的语义扩展

一、研究背景

亲属称谓是以说话者为中心而确定的家庭成员及有关亲戚的名称和称呼,而亲属称谓词(kinship terms)是语言中表示血缘关系和姻亲关系的符号,像爷爷、妈妈、哥哥、女儿等词汇就是亲属称谓词。但在实际语言生活中,我们还常常使用亲属称谓词指代某些并没有血缘关系和姻亲关系的人,甚至动物、植物、事物、场所、抽象概念之间的关系也可以通过亲属称谓词来表达。在汉语和韩国语中,许多亲属称谓词都在原义的基础上,形成了多种扩展义,这种多义性是如何获得的,其语义扩展的认知动机是什么,值得探讨。

中国和韩国都特别重视血缘关系和姻亲关系,因此在两种语言中,表示这类关系的亲属称谓词也非常发达。特别是各亲属称谓词组成相互联系、彼此对立的整体——亲属称谓词系统。不仅在语言学领域,社会语言学、文化人类学等领域都从不同的角度对亲属称谓词系统展开了大量的研究。其中,探讨亲属称

谓词语义特性的研究,中国学界有刘丹青(1983)、贾彦德(1994)、胡士云(2001)、曹炜(2005)、戴云(2005)、余俊英(2012)等,韩国学界有최병부(1985)、최창열(1985)、정미선(1989)、김기수(1994/1996)、정종수(1999)等。这些研究可以大致概括为三类。一类考察亲属称谓词的语义场,以建立亲属称谓词的语义体系;一类探究亲属称谓词的词源或语义变化;一类分析个别亲属称谓词的比喻表达,阐明其语义转移的面貌。本节作为亲属称谓词语义特性相关研究的延伸,目的在于通过汉语和韩国语的对比,揭示两种语言的亲属称谓词在语义扩展方式上的异同,并从认知语言学的角度进行阐释。

本节的主要研究内容如下。

首先,从认知语言学的角度探讨亲属称谓词的多义性。

其次,以汉语和韩国语中含有亲属称谓词的具体语言表达为对象,对比分析两种语言亲属称谓词的语义扩展情况。

最后,根据对比分析结果,阐明汉语和韩国语亲属称谓词在语义扩展上表现出的异同点及背后的认知因素。

二、理论框架

(一)亲属称谓词的范围

从出生的那一刻开始,我们就和父母及父母的家族形成了血缘关系,在成长的过程中,还会通过婚姻与配偶及配偶家族建立姻亲关系。在亲属称谓词中,"关系"必不可少,各亲属称谓词的基本语义也只能通过血缘、婚姻、辈分等关系属性才能得以确立[①]。例如,"母亲"这一亲属称谓词只有在与"子女"的关系成立时才能被赋予意义,"孙子"这一亲属称谓词只有与"祖父母"的关系成立时才能被赋予意义。陈琴、杨绪明(2015)指出,汉语的亲属称谓词最原始的用法仅限于对具有血缘关系或姻亲关系的人的称呼。但随着社会开放、人们社交范围扩大,为了拉近与听话者(没有血亲姻亲关系)之间的心理距离,实现理想的交际效果,许多亲属称谓词也渐渐泛化为一种礼貌性的称呼,便出现了"拟亲属称谓",也称为"泛亲属称谓"。并且随着高频使用,产生了以亲属称谓为构词要素的大量新兴称谓词群,这类亲属称谓词的词汇意义逐渐弱化,语法意义增强,搭配能力和构

---

① 特纳(Turner, 1987:25-29)曾提到,在亲属称谓词的属性中,"角色"等属性是亲属称谓词的功能属性,"性别"等属性是亲属称谓词的固有属性。

词能力扩大,通常附着在实词后面,所处位置相对固定,且具有标注词性的功能,部分往汉语类词缀方向发展。这些新兴称谓语在其词义泛化过程中,与之相关的语义特征、语法功能、语义色彩等要素也在随之改变。

亲属称谓词按其功能可以分为"指称语(reference terms)"和"称呼语(terms of address)"两大类,本节旨在考察亲属称谓词的语义扩展情况,对此不再加以区分。但亲属称谓词会随着时代的变化而变化,不同地区的使用情况也会有所不同。本节仅以汉语和韩国语日常生活中经常用于指称"父母""子女""祖父母""兄弟姐妹""与父母同辈的男女"等的亲属称谓词为例展开分析。

(二)亲属称谓词的多义性

语言这一符号系统的各个形式和意义并不是完全的一对一关系,从认知语言学的角度来看,语言使用者在与世界互动的过程中,由于心理、文化、社会、生态等原因,以及受记忆的负担量和沟通的经济性制约,同一形态往往被赋予多个语义,形成形式与意义的一对多关系,其结果就是词汇里存在大量的多义词和同音同形,两者都包含两个或两个以上的义项,但是多义词具有的多个义项之间在语义上有联系,而同形同音词具有的多个义项之间在语义上并无联系。词典里的很多亲属称谓词都有两个或更多的义项,而且各个义项之间是有联系的,属于多义词。认知语言学认为,这种多义性的产生是我们习惯通过一类熟悉的或具体的事物去理解某一类相对不熟悉的或抽象的事物的认知能力起作用的结果。亲属称谓词表达人与人之间的亲属关系,对于我们来说是熟知的概念,当我们通过亲属称谓词表达其他关系,且这种表达逐渐固定下来,亲属称谓词的语义便发生了扩展。在认知语言学中,通过一个概念域来理解另一个概念域而发生的语义扩展是"概念隐喻(conceptual metaphor)"机制起的作用。例如,在"努力是成功之母"这一表达中,为了理解抽象概念"努力"和"成功"之间的关系,使用了"母"这一亲属称谓词,使两者之间形成像人一样的母子关系。那么,在这个句子里,"母"具有怎样的语义,其语义又是怎么获得的呢?首先,"母"之所以能用来指示"努力",是因为"努力"和"成功"之间存在的关系与"母亲"和"孩子"之间存在的关系具有一定的相似性。也就是说,"母亲""子女"以及两者之间的关系分别与"努力""成功"以及两者之间的关系形成对应关系。这一过程见图3-1。

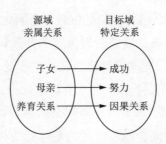

图 3-1 "努力是成功之母"的隐喻建构过程

从图 3-1 来看,亲属关系(生育关系)领域和特定关系(因果关系)领域之间发生了映射。"努力"和"成功"虽然不是人,但是通过隐喻映射各自拥有了"母亲"和"子女"的资格,两者之间的关系也可以理解为"母亲"和"子女"之间的关系。但"母亲"和"子女"之间形成的多种关系中,只有母亲生下子女这一时间上形成的"因果关系"才被映射到目标域。而这一映射中的"因果关系"是基于母亲的"认知模型(cognitive model)"[①]表现出来的。也就是说,根据母亲生下子女,抚养和教育子女,与子女形成养育关系的认知模型,母亲才能与子女存在时间上的因果关系,使得"努力的存在最终会导致成功的出现"这一语义被提取出来。

在这类表达里,亲属称谓词虽然不再指称具有亲属关系的人,但仍保留着指称人时所具有的某种或某些特征,而这种特征的选择是"概念转喻(conceptual methonymy)"机制起的作用。也就是说,在亲属关系隐喻中,映射的选择还基于另一种认知机制——转喻。"努力是成功之母"通过转喻机制,激活了母亲所具有的"时间先行"特征,使母亲是"事物产生的根本"这一扩张义得以构成。"努力是成功之母"中"母"的多义性获得过程见图 3-2。

---

① 认知模型(Cognitive Model, CM)是人们在认识事体、理解世界过程中所形成的一种相对定型的心智结构,是组织和表征知识的模式。认知语言学认为母亲范畴是建筑在由数个认知模式共同构成的认知模式集上的。其中的认知模型至少包括:出生模式(The Birth Model):母亲是生孩子的人;基因模式(The Genetic Model):母亲是提供基因材料的人;哺育模式(The Nurturance Model):母亲是哺育孩子的人;婚姻模式(The Marital Model):母亲是父亲的配偶。

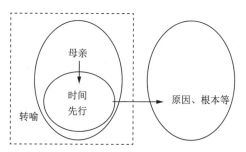

图 3-2 "努力是成功之母"中"母"的语义建构过程

三、汉韩亲属称谓词扩张义

亲属称谓词基于该亲属的认知模型,并通过转喻和隐喻机制的作用发生语义扩展。下面通过具体语料,分别探讨汉语和韩国语的亲属称谓词语义是如何从亲属关系向社会成员之间的关系、具体事物之间的关系、抽象概念之间的关系扩展的。

（一）社会成员之间的关系

汉语和韩国语在指称非亲属关系的人时,用亲属称谓词代替名字或职务的情况较多。这主要是基于说话者和指称对象之间的关系与亲属关系之间具有的相似性,使得［社会关系就是亲属关系］或［非亲属者就是亲属］隐喻发生作用,从而扩展了其语义。具体可分为三类:

（1）a. 大爷,大叔,大姐,小弟

　　　b. 孙婆婆,王妈,张颖姐,美玲妹

　　　c. 邻居大哥,张家妹妹,银行姐姐,茶馆爷爷

　　　d. 快递大哥,警察叔叔,清洁工阿姨,卖菜大婶

（2）a. 할머니,아저씨,형님,언니

　　　b. 남희석 동생,지연이 누나,민용 오빠,영희 언니

　　　c. 동네 오빠,복덕방 할아버지,교회 언니,부산 아줌마

　　　d. 경비 아저씨,우체부 아저씨,알바 형,간호사 누나

首先,汉语和韩国语的(1)和(2)中,说话者与指示对象之间虽然不是亲属关系,但说话者为了向所指对象表示尊敬或亲近感,往往使用亲属称谓词。此时亲属称谓词的选择取决于交际双方的年龄和指称对象的性别。(1a)和(2a)多用于

称呼非常熟悉的人或根本不认识的人,而(1b, c, d)和(2b, c, d)则是在一定程度
了解对方的情况下使用。在现代社会中,为了与想要亲近的对象拉近距离,经常
使用这种亲属称谓词,即说话者根据对所指对象的年龄和性别的判断,选择具有
相似属性的亲属称谓词来指称所指对象。

其次,在谈话中,人们还常常使用亲属称谓词来指代具有某种突出特征的
人。亲属称谓词仍被用于非亲属的人这一点与(1)和(2)相似,但这时它们具有
描述功能,呈现出与(1)和(2)不同的语义扩展面貌。具体示例如(3)和(4)。

(3) a. 你又不是我妈,操啥心?

　　b. 他自嘲说,在剧团里他是又当爹又当妈。

　　c. 借钱的时候,你是爷。讨债的时候,你是孙子。

(4) a. 네가 내 시어미냐, 왜 잔소리냐?

　　b. 할머니는 그에게 있어서 어머니이며 아버지이며 하늘이며 땅이
　　　었다.

　　c. 그는 고아들의 어머니다.

(3a)将听话者与"妈"进行对比,(3b)将自己比喻为"爸"和"妈",(3c)将
借钱的人比喻为"爷",将讨债的人比喻为"孙子"。(4)和(3)一样,在韩国语中
也存在类似的表达方式。例如(3b)和(4b, c)中的"爸爸"和"妈妈"通过[某特
性的持有者代表某特性]转喻机制,父母的"典型特征"——照顾子女和对子女
负责的语义被突显出来。另外,通过(3a, c)和(4a)可以看出,在该亲属称谓词的
典型特征中,某特征最大程度上被突显,而其他特征被隐藏。比如,(3a)通过"借
钱的时候"和"讨债的时候"与"爷"和"孙子"的对比,使"爷"的地位高、需要
被尊敬的这一特点最大化,而"孙子"地位低,可以被任意对待的特征被突显。
(4a)中,基于韩国人对"婆婆"的认知模型,婆婆经常干涉儿媳的典型特征中,
"唠叨"这一特征通过"왜 잔소리냐"得以突显。可见,在(3)和(4)中,亲属称谓
词的语义获得是以该亲属的认知模型为基础,通过上下文使其典型特征中的某
一特征被突显出来。这时,亲属称谓词的语义转移到人的特征上,传达了那个人
与其他人的区别性特征。

除此之外,汉语中的亲属称谓词也会如(5)和(6)那样,与某些语素结合形成
合成词,这种合成词主要用来指示特定职业或某类人。

（5）空姐,的哥,吧弟,打工妹,外来妹

（6）a. 春哥,芙蓉姐姐,奶茶妹,犀利哥,不屑弟

　　　b. 款爷,富婆／款姐,肥婆,房姐,侃爷

　　（5）中,亲属称谓词与某些表示工作场所或工作方式的语素结合后指称某种职业,（6）中,亲属称谓词与人名或指代某种特性的语素相结合。其中,（6a）像名字一样指代特定的人物,（6b）指的是具有某种显著特征的人。在韩国语中,"복부인(参与不动产投机的家庭主妇)"这样的词虽然其构成与（5）相似,但前者指从事某种工作的人,而（5）中的合成词分别可以指"乘务员""司机""服务员"等职业。这类亲属称谓词所指称的职业存在性别上的区分,与"教师""医生""律师"这种职业名称存在差异。在（5）和（6）的亲属称谓词中,其"性别"的属性被激活,[亲属代表性别]转喻发生作用。除了亲属称谓词的"性别"属性外,"年龄"或"地位"等属性也可以被激活,但不是绝对的。如（6a）中,"富婆／款姐"这组合成词中,分别使用了指代女性的亲属称谓词"婆"和"姐",但并没有出现对年纪大的女人要用"富婆",对年纪小的女人要用"款姐"这样的限制。（6b）的"春哥"中,虽然通过与"哥"结合,突显了"性别"属性,但实际上它突显的是叫做"李宇春"的女歌手所具有的男性装扮特征。虽然亲属称谓词可以通过转喻使"性别"属性被突显,但其可以用于指代非亲属的人还是[社会关系就是亲属关系]隐喻作用的结果。

（二）物理事物之间的关系

　　在汉语和韩国语中,经常可以看到用亲属称谓词来表示动物、植物、事物、场所等物理事物之间的关系。

（7）a. 宠物医院里来了不少待产的狗妈妈,可把宠物医生忙坏了。

　　　b. 三位虎妹妹终究不是狗妈妈奶大的,少不得要欺侮又调皮捣蛋又爱招人惹事的小京八。

（8）a. 아빠곰은 뚱뚱해．엄마곰은 날씬해,애기곰은 너무 귀여워．으쓱으쓱 잘한다．

　　　b. 남원 선원사에 가면 어미나무와 아들나무에 대한 가슴 저린 나무가 있다．

(7)和(8)是将亲属称谓词用于动物和植物的例子。(7a, b)中,通过"妈妈"和"妹妹"这样的亲属称谓词,将动物之间的关系概念化为人类的亲属关系。(8a)是韩国童谣"곰 세 마리(三只熊)"中出现的歌词,通过使用"爸爸""妈妈""孩子"将动物"熊"拟人化,将它们之间的关系理解为"父母"与"子女"的关系。(8b)中,通过与"母亲"和"儿子"这样的亲属称谓词结合,将两棵树之间的关系理解为母子关系。也就是通过[动物/植物之间的关系就是亲属关系]隐喻,指示对象被概念化为人,具有了相应亲属的功能。这一点在(9)和(10)中也可以确认。

(9) a. 汽车长子——中国一汽。

    b. 作为生活在地球上的人类,我们不得不赞叹地球母亲的伟大;她哺育着无数的生命,构成了一个多姿多彩的生物世界。

    c. 他管这个名册叫做四部全书,仿佛堪作《四库全书》的姐妹著作似的。

(10) a. 우리 학교는 육군 모 부대와 자매결연을 하고 있다.

    b. 지구는 나무의 어머니이며, 태양은 아버지이다.

    c. 러시아는 다른 공산주의 국가들의 맏형 역할을 포기했다.

如(9)和(10)所示,通过不同的亲属称谓词,场所或物体之间的关系被概念化为亲属关系。(9a)中,"中国一汽"通过"长子"这一亲属称谓词被概念化为大儿子,这里隐含的就是其他汽车公司被概念化为小儿子,"中国"被概念化为父母。由此可以看出,"中国一汽"像大儿子一样,地位比其他儿子高,并且要比其他儿子更早承担家庭经济负担。不仅如此,根据中国人对"大儿子"的认知模型,君主制度中的大儿子继承王权,也就包含了大儿子继承家里财产的意思。这句话表达了"中国一汽"比其他汽车公司得到国家的更多支持,为国家出力,并能扶助其他汽车公司的语义。在使用像姐妹或兄弟这样的亲属称谓词时,不仅蕴含着指示对象具有共同的父母,在血缘、遗传等方面有很多相似之处,还蕴含着在日常生活中,互相关心和支持的语义。因此,我们为了表现具有紧密或共同的命运、目标、特征、地位等事物之间的关系时,经常使用"兄弟"或"姐妹"等亲属称谓词。(10a)中,学校与部队的关系被概念化为姐妹关系,被赋予了亲如姐妹、互相帮助的含义。(9)和(10)中的其余例句也可以用同样的方法来说明。亲属

称谓词的这种语义扩展不仅发生在句子中,在诸如母鸡、母株、螺丝母、姊妹篇、兄弟单位、母亲河、子集、어미벌레、어미나무、어미바늘、자매학교、모향(母乡)等合成词中也有体现。

（三）抽象概念之间的关系

我们往往从具体事物的角度去理解抽象的概念,通过亲属称谓词,可以将抽象概念之间的关系理解为亲属关系。在这种情况下,亲属称谓词转移到抽象概念上,从而发生了语义扩展。

(11) a. 失败是成功之母。

b. 懒惰和愚蠢是亲兄弟。

c. 如果贫穷是罪恶之母,那么愚蠢便是罪恶之父。

d. 生态恶化与贫困是一对孪生姐妹。

(12) a. 악은 어둠의 자식들이다.

b. 필요는 발명의 어머니다.

c. 실패는 성공의 어머니다.

d. 도박은 탐욕의 자식이요, 부정의 형제이며, 손해의 아버지다.

(11)和(12)中,感情、状态等抽象概念之间的关系被概念化为亲属关系。从例句可以看出,一般以"X 是 Y 的亲属"的结构来实现。例如,在(12a)中,通过使用"자식(子女)"这一亲属称谓词,抽象概念"악(恶)"和"어둠(黑暗)"分别具有了"子女"和"父母"的资格,"孩子"与"父母"之间具有的时间上的因果关系使"黑暗"产生"恶"的语义被提取。

除了以上类型之外,从语料库中,还可以找到通过亲属称谓词来理解分别属于不同范畴的对象之间关系的示例。

(13) a. 他是中国的好儿子。

b. 黄河,是中华民族的发祥地,是中华儿女的母亲河,是华夏文明之树绵延不断的根!

c. 现代物理学之父——爱因斯坦。

(14) a. 나는 자랑스런 내 어머니 조국을 위해 싸웠다.

b. 올림픽에서 한국의 아들, 딸들이 금메달을 땄다.

c. 촘스키는 생성문법의 아버지이다.

(13a, b)和(14a, b)是从亲属关系的角度理解"场所"与"人"之间的关系。(13c)和(14c)是从亲属关系的角度理解"抽象概念"和"人"之间的关系。例如,在(14b)中,把亲属称谓词"儿子""女儿"与"韩国"这一国家联系起来,"韩国"被比喻为"父母",参加奥运会的运动员被比喻为"儿子"和"女儿"。(14c)中"生成语法"概念通过和"父亲"的结合,"生成语法"和"乔姆斯基"的关系在"孩子"和"父亲"的关系中得以理解。根据父亲的认知模型,从繁衍关系中提取出"乔姆斯基使生成语法问世"的语义。这里可能会有人提出母亲也具有繁衍后代的功能,为什么没有选择母亲这一亲属称谓词。笔者认为这是受到了目标领域中某些属性的影响。也就是说,因为"乔姆斯基"是"男性",所以"父亲"这个亲属称谓词比"母亲"更加契合对"乔姆斯基"的比喻。也就是说,通过亲属称谓词去理解其他关系时,亲属关系中的某些属性有选择地被激活。(13)和(14)中的其他例句也可以用同样的方法进行说明。

四、汉韩亲属称谓词语义扩展的认知阐释

通过以上介绍,汉语和韩国语的亲属称谓词都是基于相应亲属的认知模型,在转喻和隐喻机制作用下发生了语义扩展,但两种语言也存在一定差异。以上亲属称谓词的语义扩展情况可以归纳为表 3-1。

表 3-1　中韩亲属称谓词的语义扩展情况对比

机制	扩展后的领域		扩展后的语义	汉语	韩国语
基于转喻的隐喻	社会关系	指称语/称呼语	年龄和性别	○	○
		人的特征	典型特征(模范特征)	○	○
		职业/绰号(儿)	性别或性别特征	-	○
	物理事物之间的关系		某种关系所具有的特征	○	○
	抽象概念之间的关系			○	○
	属于不同领域的对象之间的关系			○	○

由表 3-1 可以看出,汉语和韩国语的亲属称谓词从"血缘或婚姻形成的人际关系"这一基本语义,横向通过隐喻机制作用,向社会成员之间的关系、物理事物之间的关系、抽象概念之间的关系等特定的关系扩展;纵向通过转喻机制作用,向亲属称谓词所指示的亲属所具有的典型特征,年龄、性别等固有属性扩展。

亲属称谓词的语义扩展不是任意发生的,임지룡(1996:250-251)认为,在多

义词的形成中,呈现出"人→动物→生物→非生物""具体性→抽象性""空间→时间→抽象""物理的→社会的→心理的""一般性→比喻性→惯用性""内容语→功能语"扩展的倾向性。这种扩展方向是与人类的认知联系在一起的,因为人的认知具有通过明确又熟悉的概念来理解不明确且不熟悉概念的倾向性。根据这种认知特点,汉语和韩国语亲属称谓词基于隐喻的语义扩展过程可以重构如下。

(15) a. 妈妈(人)→狗妈妈(动物)→母树(植物)→螺丝母(事物)→母校(场所)→失败是成功之母(抽象概念)

    b. 妈妈(亲属关系)→王妈(社会关系)→失败是成功之母(抽象概念之间的关系)

(16) a. 어머니(人)→어미벌레(动物)→어미나무(植物)→어미바늘(事物)→모회사(场所)→실패는 성공의 어머니(抽象概念)

    b. 어머니(亲属关系)→고아들의 어머니(社会关系)→실패는 성공의 어머니(抽象概念之间的关系)

如(15)和(16)所示,汉语和韩国语的亲属称谓词语义扩展方向基本一致,都为"人→动物→生物→非生物""具体性→抽象性""物理→社会→心理"。除此之外,亲属称谓词还可以出现在例如"多年的媳妇熬成婆""이웃이 사촌보다 낫다"等部分惯用语中,表现出"一般性→比喻性→惯用性"的语义扩展方向。可以说,汉语和韩国语的亲属称谓词基本上遵循了"范畴隐喻(categorial metaphor)"的语义扩展方向。

但汉语和韩国语亲属称谓词基于转喻的语义扩展存在一定差异。基于对亲属的认知模型,在[特性的持有者代表特性]转喻机制作用下,汉语和韩国语亲属称谓词的语义都可以扩展为某类亲属具有的典型特征。但在汉语中,亲属称谓词的性别属性往往被突显,这种情况在韩国语中是没有的。也就是说,很可能在认知倾向上,对于中国人,亲属的性别属性更容易突显,而对于韩国人,年龄的属性更容易突显。因此,汉语中存在[亲属代表性别或性别特征]转喻,而韩国语中不存在这样的转喻,这种现象与语言本身也脱不了关系。韩国语的敬语体系非常发达,说话时要根据亲属的年龄或地位选择相应的敬语体,但是汉语不具有发达的敬语体系。根据语言相对论,语言影响思维,由于受发达的敬语体系影响,在韩国语中,亲属的年龄或地位更容易被突显,但对于敬语表现方式不太丰富的汉语来说,亲属的年龄或地位就不容易被突显。

五、小结

本节尝试从认知语言学的角度探索了亲属称谓词的语义扩展过程,揭示了汉韩亲属称谓词语义扩展的异同。现将本节的内容概括如下。

首先,在亲属称谓词中,"关系"这一语义是必须的,亲属称谓词的基本语义也只能通过"关系"才能确立。

其次,亲属称谓词的语义扩展在两种语言中都表现出从亲属关系这一基本语义向社会成员之间的关系、物理事物之间的关系、抽象概念之间的关系扩展的倾向。

再次,亲属称谓词在汉韩两种语言中都是基本语义通过以转喻为基础的隐喻而扩展出多个语义,但汉语的亲属称谓词存在性别属性被突显的情况,而这种情况在韩国语中几乎是不存在的。

通过以上的论述可以看出,汉语和韩国语中相互对应的亲属称谓词在语义扩展上有很多共同点,但同时也表现出一定的认知倾向性的差异。

第三节 汉韩反义同形词的语义特征

一、研究背景

一般来说,反义关系的形成至少需要两个或两个以上的词语形式,但在很多语言中都存在同一个词兼有两个相反或相对义项的现象,本节将这种词称作"反义同形词"[①]。如现代汉语中的动词"借"既能指"借出",又可以指"借进";韩国语中的"팔다"虽然表示"卖",但在特殊语境下,还可以表示"买"。

对于反义同形词现象,国外较早就有讨论。施勒格尔(Schlegel,1891)最早调查了汉语、德语、荷兰语等多种语言,讨论了反义同形词的产生原因,而以英语或英语与其他语言对比为对象的研究有萨菲尔(Safir,1997)、加利夫(Galef,

---

① 又称"反义同形词(Auto-antonym)""双价词(Ambivalent Word)""语义对立词(Semantic Opposite Word)""同词反义(Word with Opposite Meaning)"等。在现代汉语研究中,这种词还被称作"反义同字词"(冯浩罪,1986),"词内反义对立"(郑远汉,1997),"同形反义"(王柯,2000),"反义同形"(张金泉,柴艳,2005),"端点词"(钱冠连,2005),"同词反义"(闫舒,康占俊,2011;握雪松,2010;佘渭深,马永田,2009)等。

2002)、卡拉曼(Karaman,2008)等。以汉语为对象的相关研究也屡见不鲜,罗少卿(1992)、曾佑昌(2001)、王玉鼎(2003)、王寅(2005)、陈娇(2009)、王治琴(2015)等分别从历时与共时、语义变化、哲学的辩证法、认知语言学等不同角度对反义同形词现象进行了分析。王寅(2015:48)指出,认知语言学认为,一个词大多有多种意义,它们常以一个意义为基础,通过隐转喻延申出其他若干意义,从而形成了一个具有语义链特征的多义范畴。在韩国学界,김진규(2003a, b)和송근영(2014)曾分别以"词内反义关系(단어 내적 반의어관계)"和"自动词汇关系(자동 어휘관계)"为对象,考察了俄语和法语中存在的反义同形词。对于韩国语中存在的反义同形词现象关注不多,仅有조항범(1999)和최형용(2007)讨论了由语义的转贬和扬升引起的语义对立,도재학(2011)整理了韩国语反义同形词的目录,并分析了其产生的原因。从前人研究来看,对反义同行词现象的探讨主要集中在个别语言,很少关注不同语言之间的对比。本节在前人对语义对立关系的分析基础上,尝试对汉韩两种语言中存在的反义同形词进行分类与对比,并从认知语言学的角度对这种特殊的语言现象进行阐释。本节主要内容如下。

首先,讨论反义词与反义同形词的异同,并限定反义同形词的范围。

其次,对汉语和韩国语中出现的反义同形词进行分类。

再次,从认知语言学的角度阐释汉韩反义同形词的异同。

最后,总结研究的结论,提出尚未解决的问题。

二、理论框架

尽管反义同形词是一种特殊的词汇现象,也可以看作反义关系的特殊类型,但在反义同形词的判定上还没有统一的基准。本节试图通过反义词的定义和成立条件来界定反义同形词的范畴。"反义词(antonym)"就是语法意义相同,词汇意义相反的词,反义词之间形成的是"反义关系(antonymy)"(参见심재기,1982;임지룡,1992;윤평현,2013;葛本仪,2014)。虽然不是所有的词都有明确的反义词,但反义词或反义关系是词汇及语义研究的核心主题。从前人研究来看,关于反义词的成立条件主要表现在两个方面:一方面是必须是属于同一个概念范畴之内的词,它的词性和语法意义必须相同;另一方面是反义词的相反相对是词汇意义的主要义素和概念的本质特征之间的相反和相对。

（1）a. ＊大 / 少

b. ＊이기다 / 실패

c. ＊男人 / 女性

d. 살다 / 죽다

e. 신맛 / 단맛 / 쓴맛 / 매운맛 / 쓴맛

下面通过（1）来观察反义词的成立条件。首先，构成反义词的两个词必须属于同一语义范畴。（1a）中的"大"和"少"虽然在"超过某一基准"和"未达到某一基准"上表现出对立性，但不能成为相互的反义词，因为两者分别用来指示"空间"和"数量"。其次，构成反义词的两个词必须具有相同的词性。词类不同，所表达的概念就不同，即使具有对立的语义，也不能视为反义词。（1b）中的"이기다（赢）"和"실패（失败）"虽然在语义上形成了"输赢"的对立，但前者为动词，后者为名词，不能视为反义词。再次，构成反义词的两个词具有多个共同的语义特征，只有一个语义特征不同。（1c）中的"男人"和"女性"虽然属于同一语义范畴，且具有相同的名词词性，但是"男人"的反义词应为"女人"，"女性"的反义词应为"男性"。因为"男人（女人）/ 男性（女性）"虽然语义外延相同，但在语义内涵存在一定差异。可见，（1）中只有（1d）中的"살다（生）"和"죽다（死）"都能满足反义词的所有条件，成为彼此的反义词。广义上来讲，反义关系包括二元对立（1d）和非二元对立（1e），其中，二元对立才是典型的反义词[①]。从反义词的判定基准来看，反义同形词的成立也需要满足这些条件，但实际上前人研究中提到的反义同形词有不少不能完全满足反义词的成立条件，如（2）～（4）为

[①] 임지룡（2017：412）以莱昂斯（Lyons，1968，1977）及格鲁斯（Cruse，1986）的研究为基础，立足于逻辑学"相反（contrary）"和"矛盾（contradictory）"的概念，将反义词的类型归纳如下：

a. 이원대립（binary opposition）

① 반의어（antonym）：덥다 / 춥다 ② 상보어（complementary）：남자 / 여자 ③ 방향대립어（directional opposite）④ 대척어（antipodal）：꼭대기 / 밑바닥 ⑤ 대응어（counterpart）：언덕 / 구렁 ⑥ 역동어（reversive）：올라가다 / 내려오다 ⑦ 역의어（converse）：스승 / 제자

b. 비이원대립（non-binary opposition）

① 순환적 순서 집합（cyclically ordered set）：봄 / 여름 / 가을 / 겨울 ② 연속적 순서 집합（serially ordered set）③ 척도（scale）：차다 / 서늘하다 / 미지근하다 / 따뜻하다 / 덥다 ④등급（rank）：나쁨 / 미흡 / 보통 / 양호 / 우수

前人研究中提到的反义同形词。

（2）a. 五星红旗，我为你骄傲。（오성홍기, 나는 당신이 자랑스럽다.）

    b. 虚心使人进步，骄傲使人落后。（겸손하면 진보하고 오만하면 낙후한다.）

（3）a. temper your comments.（논평을 부드럽게 하다.）

    b. tempering metal（금속을 단단하게 하다.）

（4）a. 젊어서 아무 걱정 없이 세계 곳곳을 원유해 보는 것은 큰 경험이다.

    b. 서양 철학에 대한 흥미만으로 유럽에 원유하기는 부담이 크다.

（2）中，英语"temper"的两个语义虽然形成强弱的对立，但（2a）的"temper"主要用于评论写作，而在（2b）的"temper"主要用于金属加工，也就是"temper"表示的两个对立语义并不属于同一范畴。（3）中，韩语"원유하다"的两个语义虽然都表示"移动"，属于同一个语义范畴，但（3a）的"원유하다"表达的是去远方游玩的行为，（3b）的"원유하다"表达的是去远方学习的行为，也就是"원유하다"的两个语义在"移动"的诸多目的中，形成"玩"和"学"的对立。汉语"骄傲"在（4a）中有"自豪"的意思，在（4b）中却是"傲慢"的意思，严格意义上来讲，这两个语义不能形成反义关系，但前者具有积极义，后者具有消极义，形成了"肯定"与"否定"的对立。

通过（1）～（4）可以看出，反义同形词形成的语义对立比反义词形成的语义对立范围要广。反义词和反义同形词的共同点和区别可以概括如下。

表 3-2　反义词与反义同形词的对比

对比维度	反义词	反义同形词
形态	两个不同形态	同一形态
词性	相同	相同
语义范畴	一致	可以不一致
对立维度	二元对立是典型的	允许多元对立
对立基准	相反或相对	除了相反或相对外，允许其他类型的对立

通过表 3-2 可以看出，反义同形词的特点是同一形态的两个义项之间在某

种对照的维度上具有对立性,且两个义项具有相同的词性。同时,有必要将同一形态所具有的两个义项虽然具有一定的对立性,但以不同词性实现的词排除在反义同形词之外。另外,如(3)那样相同形态的两个义项分别属于同一语义场的不同下位词,或如(4)那样相同形态的两个义项虽然不能形成严格意义上的反义关系,但表现出肯否定等其他类型的语义对立关系,可以把这样的词包含入反义同形词的范畴。

三、汉韩反义同形词的语义类型

在前面所讨论的反义同形词成立条件基础上,结合莱昂斯(Lyons,1977)对反义关系的分类,可以把汉语和韩国语中发现的反义同形词按语义对立关系分为方向对立、程度对立、互补对立三种类型①。

(一)方向对立

属于方向对立的反义同形词,两个义项处于相对的方向,在位置、移动、关系等方面形成对立。根据方向的性质,可以将这种方向对立分为空间上的方向对立和关系上的方向对立两种类型。属于空间上的方向对立的反义同形词,两个相反义项以一个"参照点(reference point)"为基准,分别表示相反的方向;属于关系上的方向对立的反义同形词,两个相反义项分别处于关系的对立面,语义上既相互对立又相互依存。也就是说,不管是空间上的方向对立还是关系上的方向对立,一方的存在是以另一方的存在为前提的,两方形成一个统一体。

首先是属于空间上的方向对立的汉韩反义同形词。

名词中,我们以汉语和韩国语中相对应的"前"和"앞"为例进行说明。

(5) a. 吃饭前先喝汤对健康有益处。

b. 搞企业要目光往前看。

(6) a. 민요 분야에서 앞 시기에 이어 후학들의 연구가 지속적으로 이어졌다.

b. 이번에 이렇게 헤어지면 언제 또 다시 부자가 만나 볼는지 앞 일이 아득하다.

---

① 这种分类以前人研究中常常提及的反义词类型,即"方向(或关系)对立""反义(或程度/等级)对立""互补对立"为基础。但反义词和反义同形词的划分基准存在差异,所以本节对反义同形词的分类与反义词的类型存在一定差异。

　　汉语"前"和韩国语"앞"共同具有空间上"前方"的基本义。但在（5）和（6）中被用来表示时间，分别具有表示某一基准之前的时间"过去／以前"和某一基准之后的时间"未来／以后"的引申义。两个引伸义在时间轴上以一个时间点为基准分别表示相反的方向，这种语义的产生依托的是空间方向的隐喻扩张，通过空间上的方向对立来理解时间上的方向对立。汉语"后"和韩语"뒤"的语义也具有相同的特点。

　　动词中，我们分别以汉语的"擦"与韩国语的"놓다"和"빠지다"为例进行说明。

　　（7）a. 擦口红。

　　　　b. 擦灰尘

　　如（7）中所示，汉语"擦"分别表示"涂抹"和"擦除"的语义，具有"使添加"和"使消除"的对立性。如果把前者看成是一个对象离开另一个对象的移动，把后者看成是一个对象到达另一个对象的移动，就构成了"空间上的方向对立"。汉语的动词"下"在"下车"和"下水"中分别具有"（从车里）出来"和"进入（水里）"，韩语的动词"나가다"在"집을 나가다"和"시내를 나가다"中分别具有"离开（家）"和"进入（市区）"的意思，它们的两个义项都具有对立性，都属于空间上的方向对立。

　　（8）a. 잡고 있던 멱살을 놓다.

　　　　b. 개울에 다리를 놓다.

　　（9）a. 나무의자에서 못이 빠져 버렸다.

　　　　b. 자동차 뒷바퀴가 진구렁에 빠지고 말았다.

　　韩国语"놓다"在（8a）中表示的是"让东西从手上掉下来"，但在（8b）中表示的是"把东西放在某个地方"。也就是说，"놓다"的这两个义项形成的是同一对象的"脱落"与"附着"的对立。"脱落"可以理解为是一个对象远离其他对象的移动，"附着"可以理解为是一个对象与其他对象接近的移动，属于空间上的方向对立。（9）的"빠지다"也可以用同样的方式进行说明，即（9a）中表示的是"外出"之义，而（9b）中表示的是"入内"之义，也属于空间上的方向对立。

　　其次是属于关系上的方向对立的汉韩反义同形词。汉语和韩语的很多表示

施受关系的动词都属于这种类型。先看一下汉语和韩语中相互对应的动词"贷"和"대출하다"。

（10）a. 银行贷给工厂一笔款。

　　　 b. 向银行贷款。

（11）a. 학생들에게 도서를 대출하다.

　　　 b. 은행에서 대출한 자금을 상환하다.

（10）和（11）中，汉语的"贷"和韩国语的"대출하다"按照施受关系中的两个不同参与者分别可以表示"借出"和"借入"的意思。与此类似的反义同形词还有汉语的"上课"和"结婚"，韩国语的"수업하다"和"결혼하다"等。

然而，属于这种类型的反义同形词在两种语言中也并不都是一一对应，如汉语动词"缴"和韩国语动词"팔다"。

（12）a. 缴费。

　　　 b. 缴了敌人的枪。

（13）a. 닭은 튀겨서만 파는 게 아니라 날것으로도 팔았다.

　　　 b. 아버지는 늘 다니는 가게에서 쌀을 팔아 오셨다.

汉语动词"缴"在（12a）中具有"缴纳"的意思，（12b）中具有"没收"的意思，形成"赋予"与"获得"的语义对立关系。韩语"팔다"在（13a）中具有"收钱后给别人东西"的基本义。但当"谷物类"对象成为"팔다"的宾语时，会像（13b）一样表示"买"。（10）～（13）中提到的词语都用于由两个参与者组成的事件，在不同情况下分别表示"给予"或"接受"，属于"关系上的方向对立"。

（二）程度对立

属于程度对立的反义同形词，两个义项位于程度的两极，两级之间存在中间区域。程度对立根据程度的性质，可以进一步分为量的对立和价值评价的对立两个下位类型。

首先是属于量的对立的汉韩反义同形词。

名词中，我们以汉语的"优价"和韩国语的"돈푼"为例。

（14）a. 决定优价转让，以谢厚爱。

　　　 b. 那店主希望将这东西卖个优价。

（15）a. 수중에 돈푼이나 있다고 사람을 그렇게 무시하면 안 되는 법일
세 .

　　　b. 배운 것 없고 재주 없는 나로서는 돈푼이라도 벌려면 허리띠를
졸라매고 열심히 일하는 수밖에 도리가 없었다 .

（14）中，汉语"优价"在不同的语境下，分别表示"低的价格"和"高的价格"。（15）中，韩国语"돈푼"在"数量"的程度上分别表示"相当多的钱"和"不怎么多的钱"。它们所具有的两个义项不仅在量的多少上具有对立性，而且在两个义项之间还存在既不是最多也不是最少的量，这种反义同形词属于程度对立。

形容词中，我们以汉语的"星星点点"为例。

（16）a. 草原上缀满星星点点的野花。
　　　b. 他创作的素材来源于平日星星点点的积累。

汉语的"星星点点"在（16）中分别用于表示"多而广泛地分布"和"少而稀落地分布"的语义，形成了多与少的对立。我们没有找到属于该类型的韩国语形容词。

副词中，我们以汉语"不过"和韩语"좀"为例。

（17）a. 他的中国话再好不过。
　　　b. 不过如此。
（18）a. 물건값이 좀 비싸다 .
　　　b. 둘이 그렇게 사이좋게 지내니 좀 좋으냐?

汉语"不过"在（17a）中出现在形容词后，表示"程度非常高"的意思，在（17b）中出现在谓语前，表示"不过（一定程度）"的意思。韩国语"좀"如（18a）中所示，经常用于描述程度轻或分量少，但在（18b）这种疑问句中有"多么"的意思。它们所具有的两个义项都在程度的强弱上表现出对立性，属于程度对立。

其次是属于价值评价的对立的汉韩反义同形词。

名词中，我们以汉语"花招"和韩国语"냄새"为例。

（19）a. 相声演员花招真多。
　　　b. 他们打麻将竟使花招。

（20）a. 강에 나가면 바람의 냄새가 참 좋았다.

　　　b. 하숙방에는 냄새나는 이불과 책 몇 권, 식기 몇 개뿐이었다.

　　汉语"花招"在（19）中分别表示的是"巧妙的技法"和"欺骗术"，构成了肯定与否定的对立。韩国语"气味"原本是"用鼻子能闻到的各种气息"，也就是可以指各种气味。但在（20a）和（20b）中，与"좋다"和"나다"搭配后，不再是表示各种气味的上位概念，而分别具有"好的味道"和"不好的味道"之义，形成的是肯定与否定的对立。

　　动词中，我们以汉语"应付"和韩国语"잘하다"为例。

（21）a. 应付局面。

　　　b. 应付事儿。

（22）a. 누가 잘하고 잘못했는지 시시비비를 분명히 밝혀야 한다.

　　　b. 잘한다! 일을 이렇게 망쳐 놓았으니 이제 어떻게 수습할래?

　　汉语"应付"在（21a）中表示"积极解决"之义，在（21b）中表示"凑合做"之义。韩国语"잘하다"如（22a）所示，原本是用来称赞"做得出色"，但在（22b）中用来讽刺"做得不好"[①]，它们形成了肯定和否定的对立。

　　形容词中，我们以汉语"泼辣"和韩国语"기막히다"为例。

（23）a. 作风泼辣。

　　　b. 这女人泼辣得很，谁都不敢惹她。

（24）a. 이런 기막힌 일이 세상 또 어디 있단 말인가.

　　　b. 종대는 그들의 초상화를 기막히게 그려 주었다.

　　汉语"泼辣"在（23a）中具有"勇敢"之义，但在（23b）中却表示"恶毒"。韩国语"기막히다"在（24a）中表示"（工作或行动）不顺利或无法顺利解决"，但在（24b）中可解释为"（无法用言语表达的程度）非常了不起"。严格意义上来说，它们所具有的两个义项不能形成反义关系，但是从价值评价的角度来看，都表现出肯定（积极）和否定（消极）的对立，可以看作是反义同形词。

———————————

① 고영근（1989）和서정수（1996）曾将这种用法定义为"反语法（irony）"，指的是虽然是疑问句的形式，以肯定的提问形式出现时，会表现出强烈的否定语气，以否定的提问形式出现时，会表现出现强烈的肯定语气。

（三）互补对立

属于互补对立的反义同形词,两个义项相互排斥,与程度对立最大的不同之处就是对立的两极之间不存在中间区域。属于这一类型的汉韩反义同形词举例如下:

名词中,我们以汉语"行货"和韩国语"무가"为例。

（25）a. 各色行货一应俱全。

　　　 b. 行货充斥市面。

（26）a. 요즈음 무가로 배달되는 신문이 많다.

　　　 b. 그 골동품은 너무 희귀하기 때문에 무가이다.

汉语"行货"在（25a）中指以合法手段进入国内市场的商品,即"正品"或"合格品",而在（25b）中指没有进行精密加工的商品,即"次品",两个义项之间形成"合格"和"不合格"的对立。韩国语"무가"在（26a）中意味着"免费",在（26b）中意味着"贵重到无法估价",构成了"无"和"有"的对立。由于"合格与不合格"或"有无"是相互矛盾的,两者之间不存在中间区域,这与方向对立和程度对立有区别。

形容词中,我们以汉语"眼巴巴"和韩国语"값없다"为例。

（27）a. 姐妹俩在门口眼巴巴地等着母亲。

　　　 b. 他眼巴巴地看着匪徒把自己的包抢走。

（28）a. 세상에 값없는 물건이 어디 있고, 바람 없는데 흔들리는 나뭇잎이 어디 있더냐.

　　　 b. 아무 데서나 살 수 없는 값없는 물건.

汉语"眼巴巴"在（27）中分别用于表示"恳切希望的样子"和"束手无策的样子",在这种情况下,前者表示"期待",后者表示"不期待",可以看作是"是否"的对立。韩语"값없다"在（28a）中表示"没有价值"的意思,在（28b）中表示"价值高"的意思,构成了"有无"的对立。它们的两个义项之间不存在中间区域,非此即彼,属于互补对立。

通过以上分析可以看出,反义同形词在汉语和韩语中基本不受语义范畴和语法范畴的制约,在诸多的语义范畴和大部分词类中均可以发现。虽然两种语言中也存在相互对应的反义同形词,但是不能对应的反义同形词似乎更多。

四、汉韩反义同形词异同的认知阐释

为了掌握反义同形词的语义特性,以前面所观察的反义同形词为中心,我们将对反义同形词在词典上的标注问题和反义同形词所表现的认知语言学涵义进行阐释。

(一)词典里的标注方式

通过对词典的考察,我们发现上述反义同形词的标注主要表现出三种情况:一是把两个对立语义设为一个词条的两个义项,即多义词;二是将两个对立语义设为两个不同词条,即同音异义词;三是在两个对立的语义中,只列出其中的一个语义,或将两个对立的语义在一个义项中提及。我们通过几个韩国语示例进行说明,具体如(29)~(33)。

(29) 앞:

ㄱ. 표준: 3. 이미 지나간 시간.

　　　　　　4. 장차 올 시간.

ㄴ. 한국어대사전: 2. 시간이나 차례, 이야기의 내용 등에서 먼저인 것.

　　　　　　4. 장차 올 시간.

(30) 빠지다:

ㄱ. 표준: 빠지다 01: 1. 박힌 물건이 제자리에서 나오다.

　　　　　　빠지다 02: 1. 물이나 구덩이 따위 속으로 떨어져 잠기거나 잠겨 들어가다.

ㄴ. 한국어대사전: 빠지다 01: 4. 떨어져 들어가거나 잠기게 되다.

　　　　　　빠지다 02: 1. 밖으로 나오거나 나가다.

(31) 대출하다:

ㄱ. 표준: 돈이나 물건 따위를 빌려주거나 빌리다.

ㄴ. 한국어대사전: 빌려주거나 빌리다.

(32) 잘하다:

ㄱ. 표준: -ii. (반어적으로) 하는 짓이 못마땅하다는 뜻을 나타낸다.

ㄴ. 한국어대사전: ø (반어적으로)

(33) 값없다:

ㄱ. 표준: 1. 물건 따위가 너무 흔하여 가치가 별로 없다.

　　　　2. 물건이 값을 칠 수 없을 정도로 아주 귀하고 가치가 높다.

ㄴ. 한국어대사전: 1. 아무 보람이나 가치가 없다.

　　　　　　2. 값을 매길 수 없을 만큼 아주 귀하고 보배롭다.

（29）～（33）中的"ㄱ, ㄴ"分别为《표준 국어 대사전》和《고려대 한국어 대사전》对同一个词语的标注方式。（29）和（30）中的"앞"和"빠지다"属于方向对立中的空间对立，（31）中的"대출하다"属于方向对立中的关系对立。（32）和（33）中的"잘하다"和"값없다"分别属于程度对立和互补对立。对比词典上的标注方式可以发现，"앞""대출하다""값없다"在两个词典中都是一个词条，其中"앞"和"값없다"两个对立的语义在两个词典中被标注为两个义项，"대출하다"所具有的两个对立语义在两个词典中被标注为一个义项，而"빠지다"所具有的两个对立语义在两个词典中被标注为两个不同的词条。我们认为有必要将"빠지다"这样的反义同形词以一个词条的形式标注于词典中，且为了区分这两种对立语义有必要将两个语义以两个不同的义项形式呈现。此外，在《표준국어대사전》中，"잘하다"虽然给出了其作为反语而使用的义项，但《고려대 한국어대사전》并没有给出这个义项。虽然由于"传染"或"反语法"而产生的相反语义不能全部作为义项来处理，但如果该语义已经约定俗成，那么有必要将其作为该词的一个义项来处理。

通过观察词典对反义同形词的标注方式可以发现，大多数情况下，词典倾向于将其两个相反义项处理成多义词，词典对反义同形词两个相反语义的处理，在多义词和同音异义词上很难找到一贯性，而且对于以反语的形式而使用的语义如何处理，不同词典的基准也有所不同。

（二）认知语言学的涵义

以相同的形态表达两种对立的语义是一种奇特的词汇现象。从现有的研究来看，反义同形词的产生原因主要有：不同词源的单词形成同音异义的关系、多个语义由于不同的路径扩展成对立的语义、由于频繁出现在对立的语境而获得了对立的语义、由于地区的差异而发展成对立的语义等。除了这些原因外，这里试图从认知语言学的视角揭示反义同形词的语义生成原因。

首先，认知语言学的语义观是一种百科知识语义观。认知语言学认为，一个词语的语义依赖于该词语出现的上下文或百科全书知识。前面所列举的反义同

形词中,对对立语义的解释或取决于与之结合的成分,或取决于上下文,或取决于对"指示对象(reference)"的认识。例如,"돈푼"这个名词本身意味着"不多的钱",但以"돈푼이나"的形式出现时,受其后结合的助词"이나"影响,便有了"一定程度的钱"之义。原本意味着上位概念的"냄새"通过与"좋다"和"나다"的搭配,分别具有了"好的味道"和"不好的味道"之义。这类词语之所以能以对立的语义出现,是由于在与其他成分搭配的情况下,大量的信息被导入,从而使词语的语义被细化。汉语动词"擦"根据其搭配的宾语是"口红"还是"灰尘",具有了"涂抹"和"擦拭"的对立语义。可以说,对反义同形词的语义解释本质上依赖于说话者的"百科全书知识(encyclopedic knowledge)"。

其次,认知语言学认为语言反映认知策略。在汉语和韩语中,相同的形态同时表示相反的语义虽然是无法预测的特殊词汇现象,但是通过汉语和韩语的对比,可以捕捉到一定的认知倾向性。在汉语和韩国语中,一些反义同形词具有的对立语义与观察点的选择有关。"观察点(vantage point)"指的是说话人观察对象或事态时所采取的位置、立场或态度等。也就是说,说话人可以用自己的"视角"对同一场面进行不同的解释。例如,像"나가다"一样的移动动词有"出来"和"进入"的对立语义,这两个相反语义与说话人将观察点置于指示对象"内"还是"外"有关。如"대출하다"一样的施受动词有"给予"和"获得"的对立语义,取决于说话人的观察点是在给予者的一方,还是在获得者的一方。不少像"기막히다"一样的形容词具有的对立语义与说话人对指示对象是给予肯定的评价还是否定的评价有关。图 3-3 以图示的形式对由于观察点的选择不同而产生的两种对立语义进行了说明。其中,阴影和粗线部分表示观察点的位置。

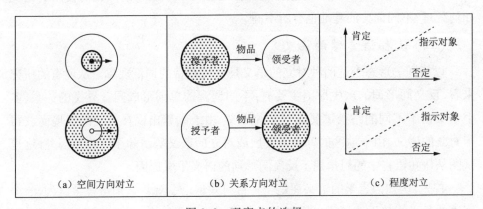

图 3-3　观察点的选择

在汉语和韩国语中，一些反义同形词的对立语义与"显著性（prominence）"的赋予有关。一个对象或事件通常由多个部分组成，由于被赋予"显著性"的侧面不同，解释也就有所不同。例如"빠지다"和"놓다"等一些移动动词可以同时表示移动事件的开始和结束，取决于说话人对同一事件的显著性赋予在开始阶段还是结束阶段。图 3-4 展示了由于显著性赋予的不同而产生的两种对立语义。

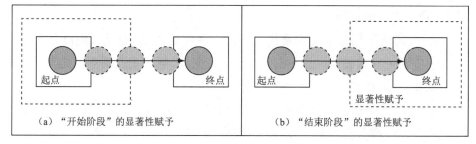

（a）"开始阶段"的显著性赋予　　　（b）"结束阶段"的显著性赋予

图 3-4　显著性的赋予

此外，在汉语和韩国语中，一些像"앞"一样的反义同形词在引申义上形成对立，这是人类在某两个不同的概念领域之间找到了一定的相似性，以诸如"空间"的具体概念去理解诸如"时间"的抽象概念，这也是"概念隐喻（conceptual methor）"机制作用的结果。

最后，认知语言学支持语义的经验观。词语的意义不是固定的，它可以因语言的不同而不同。汉语和韩语中存在的反义同形词大多数是不能对应的，这说明反义同形词的两种对立语义生成具有文化依存性。例如，韩国语"팔다"除了"卖"之义，还具有"买"的意思，而与之相对应的汉语"卖"并没有"买"的意思。对于韩国语"팔다"两个相对语义产生的原因，도재학（2011：84-86）提出了三种解释，一是"谷物成为物物交换基准时的用法"，二是"对贫穷所表现的禁忌"，三是"팔다"语义的历时变化。汉语中的"酷"虽然有"残忍"这一消极的语义，但在现代汉语中也可以表示"外表英俊潇洒，表情冷峻坚毅，有个性"等积极的语义。究其原因是"酷"本来用于表示"浓酒"，酒浓一方面具有"毒烈"这一否定语义，另一方面具有"浓厚"这一肯定语义。

语言本身、百科全书知识，以及语言使用者的情感或态度等心理因素都会对反义同形词的产生起作用，同时身体经验、社会、文化背景也都起到了重要作用。

总之,以相同的形态表示对立的语义是人类的认知结构反映到语言内部结构的结果。

五、小结

反义同形词作为反义词的特殊类型,很早就受到了关注,但对它的研究还停留在起步阶段。本文通过汉语和韩语的对比,探讨了反义同形词的语义对立关系类型,并主要从认知语言学的视角对这种特殊的词汇类型进行了阐释。现将本节的研究内容概括如下。

第一,确认了反义同形词是反义词的一种特殊类型,与反义词既具有相同点,又存在着一定的差异。通过与反义词进行对比,得出反义同形词的判定标准为:形式相同、词性相同,在某一维度上具有对立性。

第二,反义同形词所具有的两个对立语义大体上可分为方向对立、程度对立、互补对立三种类型。其中方向对立又分为空间对立和关系对立,程度对立又可分为量的对立和价值评价的对立。另外,我们也可以看出,汉语和韩国语的反义同形词都没有语义范畴和句法范畴的限制,在不同词类中均可以发现。同时,两种语言的反义同形词既有相互对应的情况,也存在大量不对应的情况,不对应的反义同形词似乎更多。

第三,反义同形词现象的产生既体现了人类认知方式的普遍性,又说明了不同语言区域的文化依赖性,对反义同形词的两个相反语义解释依赖于语境和百科全书知识。

通过本节的分析,可以发现,反义同形词同时表现了语言的经济性和模糊性,对反义同形词的语义特性考察可以减少其在语言使用中的歧义性,克服词典编纂的局限性,有助于揭示我们认识外部世界的方式。未来我们将更广泛地整理反义同形词的目录,从历时和共时两个角度进行跨语言的对比。

第四节　汉韩正反义联合式合成词的语义构成

一、研究背景

基于语义相反的两个词语常常共现(co-occurrence)的这一现象,本节以汉语和韩国语中由反义词构成的合成词为对象,分析这类合成词的语义构成方式,并从认知语言学的视角阐明其语义生成的原因。

反义关系是典型的词汇关系之一[①]，在语言研究中很早就受到了关注，相关研究主要集中在反义词的定义、成立条件、类型、特征、功能等方面。一直以来，反义关系被认为是词语间的聚合关系，处于反义关系的两个词语相互之间是可替代的，表达的是相反的命题。但近年来，国外对反义词共现现象的研究越来越活跃，这也表明对反义关系的研究正在从纵向的聚合关系向横向的组合关系转变[②]。比如"是非""以小人之心，度君子之腹""不高不矮""甜蜜的痛苦"等汉语表达和"밤낮""가까운 남이 먼 일가보다 낫다""죽든지 살든지""거짓된 진실"等韩国语表达，它们分别属于合成词、惯用语、特定的句法结构或由反语法（oxymoron）而形成的构式，展现了多种语言单位存在的反义词共现现象。这说明形成反义关系的两个词语往往会出现在同一结构中，形成组合关系。

在汉语和韩国语中，反义词共现的方式多种多样，而且占据着很大的比重，有必要讨论它们在两种语言中共现时具有哪些普遍性和特殊性。但前人研究主要对反义词共现时的排列顺序进行了大量的讨论，对反义词共现时其语义是如何构成的研究还不多，尤其是很少有研究对其背后的认知动机进行探索。

本节的主要研究内容如下。

首先，探讨反义词共现的前人研究，阐明本节的研究意义。

然后，对汉语和韩国语中由反义词构成的合成词按语义构成方式进行分类，并指出两种语言的异同。

最后，阐释由反义词构成的合成词在语义构成上所彰显的认知特性。

二、理论框架

所谓的"反义词共现"指的是处于反义关系的两个词语一起出现在同一个语言单位之中。反义词共现现象很早就受到了国外学者们的关注，吴淑琼（2014：159）曾指出反义词共现的研究主要包括五个方面：① 反义词共现的频率；

[①] 임지룡（1989：11）提出"반대말""반대어""반의어""상대어""대조어""대립어""짝말""맞섬말"等多种术语。

[②] 이광호（2010：69）曾提到，处于反义关系的两个词语不仅仅形成语义上的对立，因为它们在特定结构中常常共现，所以也具有句法上的特性。反义词之间不仅具有聚合关系的特性，也通常具有组合关系的特性。

② 反义词共现的句法形式;③ 反义词共现的模式和非规约性反义词①;④ 反义词共现的排列规则;⑤ 反义词共现的语用功能和跨语言研究等。

反义词共现的研究始于对反义词共现频率的考察。查尔斯和米勒(Charles & Miller,1989)指出反义词的联想(association),是因为它们在同一环境共现的频率比它们之间替代的频率更高。杰根森和卡茨(Justenson & Katz,1991)以 35 对英语形容词反义词为研究对象,考察了它们的共现频率。通过这项研究,得出反义词的共现频率是他们预期频率的 8.6 倍。此后,费尔鲍姆(Fellbaum,1995)、威尔内斯(Willners,2001)、玛齐亚(Machiya,2005)等研究亦分别考察了反义词的共现频率。通过这些研究,证实了反义词对共现频率非常高,可以说"共现"是反义词的基本特征之一。杰根森和卡茨(Justenson & Katz,1991)首次注意到反义词共现的句法环境。莫廷格(Mettinger,1994)通过对从 43 部英语犯罪小说中提取的 161 对反义词进行考察,提出了英语反义词共现的 9 类句法框架。费尔鲍姆(Fellbaum,1995)认为"X or Y""X and Y alike""between X and Y"是反义词共现最典型的句法框架。通过对反义词共现的句法结构研究可以发现一定的句法结构会诱发词语之间的反义关系。戴维斯(Davies,2012,2013)研究了反义词共现是如何引发非规约性反义词的。

反义词共现时的排列顺序曾是研究热点,学者们展开了多角度的分析。琼斯(Jones,2002:120-137)认为意义和形态对反义词共现的排列顺序起决定性作用。也就是说,一对反义词中,具有积极语义的一方或形态简单的一方或成为词根的一方一般出现在前面。除此之外,大小、时间、性别、音韵、习惯等因素也会对反义词共现的排列顺序产生影响。

反义词共现的语用功能代表性研究是琼斯(Jones,2002)。该研究通过对语料库的调查,把反义词的语用功能分为 8 种②。除此之外,琼斯和墨菲(Jones & Murphy,2005)和墨菲和琼斯(Murphy & Jones,2008)考察了儿童语言中反义词

---

① 据墨菲(Murphy,2003:176)和 Jones et al. (2012:2-3)指出,非规约性反义词是指只有在一定的语境下才能形成反义关系的词语。学者们通过不同的术语对这类词语进行了描述,如莫廷格(Mettinger,1994:74)使用了 "non-systemic semantic oppostition",墨菲(Murphy,2003:11)和戴维斯(Davies,2008:80)使用了 "non-conventional antonyms"。

② 即 coordinated antonymy、ancillary antonymy、comparative antonymy、distinguished antonymy、transitional antonymy、negated antonymy、extreme antonymy、idiomatic antonymy 等 8 种。

共现的语用功能,琼斯(Jones,2006)分析了成人书面语和成人口语、儿童口语和儿向语(child directed speech)中反义词共现的语用功能。通过这些研究,可以发现对等和从属是反义词共现的主要语用功能。而对反义词共现的跨语言研究则以墨菲等人(2009)和琼斯等人(2012)等为代表,主要是对反义词共现的语用功能进行了对比研究。关于反义词共现的句法框架和语用功能的研究对揭示反义词共现的规律性和作用具有巨大的意义。

韩国语学界有关反义词共现的研究有이기황(1998)、이광호(2009,2010)、임채훈(2009)等。임채훈(2009)研究了句子中反义词共现所具有的语义功能,其他研究主要通过语料库的调查证明反义词在多样的句法形式中具有非常高的共现频率。这些研究通过实际的语言资料论证了反义词共现现象,因此具有一定意义,但在揭示反义词共现结构的语义构成方式和生成因素等方面上仍然存在一定局限性。汉语学界关于反义词共现的代表性研究有束定芳和黄杰(2008)、毕懿晴(2013)、吴淑琼(2014)、王珍(2015)等,他们对反义词共现的句法结构、类型、认知特性等多个方面进行了探讨,但少有与其他语言进行对比的研究。

本节以反义词共现的相关前人研究为基础,考察汉语和韩国语中由反义词对构成的合成词,旨在考察这类合成词的语义构成,在探究不同语言反义词共现的语义如何构成,有怎样的认知机制在起作用上具有一定意义。

三、汉韩正反义联合式合成词的语义结构类型

汉语和韩国语中正反义联合式合成词[①]大致可分为三种语义结构类型。这里用 C 表示合成词的语义,A 和 B 分别表示组成该合成词的反义词语义[②]。

(一)语义合成式(C=A+B)

语义合成式是指合成词的语义由构成成分的各个语义组合而成。汉语和韩国语中有很多属于这种类型的合成词。

---

① 奈达(1975)、시정곤(1994)、김일병(2000)等研究中,将联合式合成词按构成成分之间所形成的语义关系分为包容关系、重叠/同义关系、互补关系、相邻关系等,其中属于互补关系的合成词与本节所说的合成词相似。

② 这里主要将反义词限定在二元对立上。其主要原因是我们很难区分形成多元对立的词语与同一词汇场的下位词。例如,构成"春秋""甘苦""黑白"和"오늘내일""눈코""검붉다"等合成词的成分之间也可以看作是形成了反义关系,但它们也属于同一词汇场的下位词,本节的研究不考虑这类合成词。

（1）a. 父母,公婆,今昔,早晚,内外

　　　b. 问答,装卸,奖惩,进出,出入

　　　c. 优劣,真伪,利弊,吉凶,褒贬

（2）a. 아들딸,아침저녁,가로세로,밤낮,위아래

　　　b. 여닫다,여닫다,미당기다,오가다,오르내리다

（1）和（2）按照构成合成词的反义词词性进行了分类。这些合成词的语义大体上是由构成该合成词的两个相反语义组合而成。（1）和（2）中的合成词还可以进一步划分为两类。一类是在任何语境中其语义都是由构成该合成词的两个相反语义组合而成,另一类是合成词的语义有时是由构成该合成词的反义词语义组合而成,有时并不是单纯地由构成该合成词的两个相反语义组合而成。

（3）a. 他每天早晚都练太极拳。

　　　b. 这事瞒不了人,早晚大家都会知道的。

（4）a. 밤낮을 모르고 책만 읽다.

　　　b. 밤낮 하는 말이 그 말이라 나는 자리에서 일어났다.

（3）中的汉语"早晚"和（4）中的韩国语"밤낮"如例句所示,根据上下文分别具有"黑夜和白天"和"经常","早上和晚上"和"迟早"的语义。这里值得注意的是,这些合成词会发生词性的转换。（3a）中的汉语"早晚"是名词,由互为反义词的名词"早晨"和"晚上"组成,而在（3b）中则为副词。（4a）中的韩国语"밤낮"是名词,由互为反义词的名词"밤"和"낮"组成,但在（4b）中则为副词。

通过观察可以发现,在汉语中,由词性为名词或形容词的反义词组成的合成词通过词性转换作为动词使用的情况,以及由词性为形容词或动词的反义词组成的合成词作为名词使用的情况较多。（1c）所展示的合成词都具有这样的特点。例如,"优劣"是由表示"好"的形容词"优"和表示"坏"的形容词"劣"组成,但是由两者组合而成的合成词"优劣"指的是"好的和坏的",具有名词的词性。而在韩国语中,像"밤낮"这样由词性为名词的反义词组成的合成词作为副词使用的情况,以及像"잘잘못"这样由词性为副词的反义词组成的合成词作为名词使用的情况较多。

在汉语和韩国语中,由反义词组成的合成动词一般表示相反行为的持续反复,或者前语素所指示的行动结束后,后语素所指的行动发生。如（1b）中的汉

语"问答"和"装卸"分别是"一问一答"和"组装后拆卸"之义。(2b)中的韩国语"어녹다"和"여닫다"分别是"化了又冻"和"开了又关"之义,(1b)中的"进出"和(2b)中的"오르내리다"都属于这样的情况。

（5）a. 住在这里的七八家都由这个门进出。

　　　b. 这个商店每天有好几千元的进出。

（6）a. 화단을 만든 후 물통을 들고 옥상에 오르내리는 것이 내 하루의 중요한 일과가 되었다.

　　　b. 속이 오르내리는 걸 보니 체한 것 같다.

　　(5a, b)中的汉语"进出"分别具有"出入"和"收支"之义,而(6a, b)中的"오르내리다"分别表示"上下"和"反胃"的意思。在汉语中,与"进出"意思相似的还有"出入",它们在引申义上存在差异。两者虽然同时具有"出去和进来"之义,但后者还具有"误差"这一引申义。虽然在韩国语中,与汉语"进出"和"出入"有相对应的汉字词"진출"和"출입",但是它们是名词,这一点与汉语不同。即使这两个汉字词通过与"하다"结合成为动词,也不具有与汉语相同的语义。"출입하다"一定程度维持了对应汉语"出入"的基本义,但是"진출하다"不具有汉语"进出"的基本义,其构成语素"出"的语义已经消失,只保留了"进"的语义。而且,它们也没有对应汉语词语所具有的引申义。这也说明了即使是与汉语相对应的汉字词,在两种语言中也具有不同的语义,在引申义上也呈现出不同的面貌①。

（二）语义选择式（C＝A 或 B）

　　语义选择式指合成词的语义只选择了构成成分的部分语义。合成词的这种语义构成不是绝对的,大部分取决于上下文。也就是说,这种类型合成词的语义可以分为两种情况,一种是合成词的语义在任何语境中都被解释为一对反义词中的一个语义,一种是合成词的语义根据上下文,既可以解释为一对反义词中的一个语义,也可以解释为一对反义词的语义合成。这里分别将这两种类型命名为强制型和自由型。这种类型的合成词在汉语中有很多,但在韩国语中除了少数汉字词以外,很难找到。

①　在韩国语中,组成汉字词的两个语素不能单独成为句子成分,因此不能将这些由汉字语素组成的词语看作为合成词。本节只考察韩国语中由固有词组成的合成词。

1. 强制型

这种类型的合成词在所有语境中的语义只能解释为构成其一对反义词中的一个语义。

（7）a. 人物，今后，质量

　　　b. 教学，忘记，睡觉

　　　c. 异常，紧张，廉耻

（8）잘못

（7）中的汉语分别是由词性为名词、动词、形容词的反义词组成的合成词。分别以其中的一个合成词为例，（7a）的"人物"是由名词"人"和名词"物"组成的合成词，但是这个合成词的整体意义只指"人"。（7b）的"教学"由动词"教"和"学"组成，但其整体意义是"教"。（7c）的"异常"由表示"特别"的"异"和表示"平常"的"常"组成，但其整体意义为"不同寻常"。（8）的韩国语中，"잘못"由具有相反语义的副词"잘"和"못"组成，但是整体意义中，"잘"的意思被淘汰了，只剩下"못"的意思。它们虽然由反义词构成，但其整体的语义为一对反义词中的一个语义，另一个语义消失。

2. 自由型

该类型的合成词根据上下文既可以解释为一对反义词中的一个语义，也可以解释为一对反义词的语义合成。

（9）a. 所以临床观察病人神气的盛衰，可以判断疾病的轻重和安危。

　　　b. 一家人一直为哥嫂的安危担忧，但至今仍不明他们的下落。

（10）a. 这人真不知好歹。

　　　b. 万一她有个好歹，这可怎么办？

　　　c. 她要是在这里，好歹也能拿个主意。

（9）中的合成词"安危"原本由意味着"安全"和"危险"的形容词性反义语素"安"和"危"组成，在（9a）中表示"安全和危险"，但在（9b）的语境中，"安全"的意思消失，只剩下"危险"的意思。（10）中的合成词"好歹"原本是由表示"好"和"坏"的形容词性反义语素"好"和"歹"组成，在（10a）中虽然意味着"好和坏"，但在（10b）中，"好"的意思不见了，表示蕴含着"坏"的"危险"之义，而在

（10c）中，作为副词，具有了"无论无何"的引申义，这种语义便是我们在下面要介绍的语义融合式。

（三）语义融合式（C>A+B）

很多由反义词组成的合成词的整体语义比构成该合成词的反义词组合而成的语义更具有概括性，甚至有的产生了新的语义，这里将这种类型的合成词叫做语义融合式。语义融合式也可以分为两种类型。一种是合成词的语义可以通过反义词的语义直接推测出来，另一种是合成词的语义不能完全通过反义词的语义推测出来，其语义由于文化或习惯发生了扩展，被赋予了新的语义。我们把前者的语义构成方式称为直接型，后者的语义构成方式称为间接型。

1. 直接型

属于直接型的合成词语义一般是构成它的反义词语义的上位概念。

（11）a. 老小，早晚，朝夕

　　　b. 死活，得失，起伏

　　　c. 大小，多少，高低

（12）a. 여기저기，밤낮

　　　b. 오가다，오나가나

（11a）中的汉语"老小"是意味着"老人"的"老"和"儿童"的"小"的语义合成，可以指包括"老人""大人""儿童"在内的所有人。（12a）中的韩国语"여기저기"是"여기"和"저기"的语义合成，可以指所有场所。（11a）（12a）和（11b）（12b）分别展示的是汉语和韩国语中由名词反义词和动词反义词组成的合成词，从（12c）可以看出，汉语中许多词性为形容词的反义词可以形成合成词。（12c）中的"大小，多少，高低"的语义分别与韩国语的"크기，얼마，높이"相对应。这说明汉语中由词性为形容词的反义词组成的合成词语义一般表示反义所属尺度（scale）的整体，即汉语中的总体尺度一般通过词性为形容词的反义词组成的合成词来表现，韩国语中的总体尺度一般通过反义词中具有积极意义的名词型来表现，这种不同是两种语言的明显差异。

2. 间接型

属于间接型的合成词语义与构成它的反义词语义完全不同。当然，这些合成词大部分自身仍然维持着反义词具有的语义，但在一定语境下，具有了与反义词对完全不同的第三种语义。尤其是少数合成词,构成其反义词的语义完全丧失,只剩下语义转移后的第三种语义。

（13）a. 雌雄,反正
    b. 裁缝,沉浮
    c. 横竖,轻重
（14）a. 안팎
    b. 쥐락펴락

（13）和（14）根据构成合成词的反义词词性进行了分类。（13a）中的"雌雄"和（14a）中的"안팎"在不同的语境中分别可以指"公和母、胜败"和"内和外、内心的想法和外在的行动、夫妻、数量的程度"等。但在（13c）的"横竖"和（14c）的"쥐락펴락"中,构成其反义词的语义已经完全消失,只能解释为第三种语义,即"总之"和"随心所欲地使唤别人"。（14）中的其他示例也都具有第三种语义。

综上,反义词在逻辑上是相互矛盾或对立的,但在由它们构成的合成词中,对立的语义消失,可以呈现出多种语义类型。这里虽然根据合成词的整体语义和构成该合成词的反义词之间的语义关系,将该类型合成词分为三种,但是上述类型并不是完全整齐划一的。也就是说,大部分合成词的语义是构成其反义词的语义组合而成的,但其中一部分合成词既具有这种语义,在一定语境中还可以获得更概括的语义或完全不相干的第三种语义。总之,该类型的合成词除一部分外,其语义随着不同的语境有不同的解释。

四、汉韩正反义联合式合成词语义构成的认知阐释

正反义联合式合成词的语义除了可以通过反义词的语义合成而构成外,还可以发生语义的扩大（缩小）或转移。这里从认知语言学的角度来探讨其语义生成的原因。

（一）语义生成的认知基础

复合结构通过组成该结构的各个语义的合成而获得语义,这是语义学的中心思想。复合结构的语义为其构成成分的语义合成,这一语言规律被称为"组合性原则（principle of compositionality）"。但正如我们前面所述,正反义联合式合成词的三种语义构成类型中,只有语义合成式才能适用该原理。如,构成"오누이"的反义词"오라비"和"누이"的外延和内涵在构成"오누이"的过程中没

有改变,语义选择式和语义融合式在语义合成过程中发生了外延和内涵的变化。韩国语"여기저기"的外延在反义词"여기"和"저기"语义的基础上发生了扩大,具有了"到处"之义,汉语"矛盾"原本指武器"矛"和"盾",但合成词的整体语义不再指武器,而是指"相互对立"。但即便是合成词的整体语义发生了一定的变化,"여기저기"的整体语义相当于"여기"和"저기"的上位概念,"矛盾"的整体语义也继承了"矛"和"盾"互相冲突的语义内涵,可见合成词的语义获得与构成该合成词的反义词语义有密不可分的关系。

因此,无论合成词的整体语义是构成它的各个语义组合而成,还是它们的语义扩展或转移,组成合成词的各成分语义都将是合成词整体语义形成的认知基础。

(二)语义生成的认知机制

转喻和隐喻机制在正反义联合式合成词的语义构成过程中发生了重要作用。

1. 转喻

在认知语言学中,转喻不仅是修辞手段,也是思维方式和认知机制。认知语言学认为转喻的主要功能是指示,基于转喻可以通过一个概念来代表另一个概念。但是这种指示关系的成立只有当两个概念之间存在一定的关联性时才能实现。也就是说,在转喻的认知模型中,可以用一个概念来指示另一个概念,这两个概念必须属于同一认知域,并且用作指示的概念要比被指示的概念在认知上具有显著性。转喻的这种特性在正反义联合式合成词的语义构成中起着重要的作用。

反义词一般描述事物的两个相反方面或特点。但是反义词的矛盾和对立必须以相同的语义层面为前提。也就是说,一对反义词之间具有最大的相似性(maximal simulation)和最小的差异性(minimal difference)。事实上,反义词除了相互对立的属性外,其他属性都是相同的。即在同一概念领域中,反义词对由于对立的属性而具有显著性。因此,反义词在同一个结构中共现时,它们所具有的参照点作用使我们对整个概念域发生心理上的接触。

例如,汉语的合成词"大小"和韩国语的合成词"밤낮"的整体语义式构成它们的反义词所具有语义的上位概念。"大小"指"量的程度","밤낮"指"一整天",这是因为"大"和"小"分别位于程度的两极,"밤"和"낮"分别是"一天"

的一部分。再比如,汉语的合成词"裁缝"分别由"裁"和"缝"两个相反的动作构成,其整体语义之所以可以指"裁缝的人",是通过这类人的主要动作来指示这类人。也就是说,构成合成词的反义词通过转喻指示了它们所被包含的整个概念领域。这一过程如图 3-5:

图 3-5　反义词共现中发生的转喻作用

图 3-5 中,正反义联合式合成词的语义通过[部分代表整体]转喻机制作用,使得反义词的对立语义指示了反义词所属的概念域整体。实际上,转喻不仅可以说明正反义联合式合成词的语义生成过程,还可以说明反义词共现的特定句法结构所具有的语义。

(15) a. 身后跟着七八个人,有老有少,有高有矮。

　　　b. 现在,我想告诉你,生活中本来有苦有甜。

　　　c. 我用自己的努力达到了目的,做了一件有始有终的事。

(16) a. 결과가 좋든 나쁘든 받아들여야 한다.

　　　b. 싫든 좋든 그 일을 하지 않을 수 없다.

　　　c. 많든 적든 간에 그 중의 일부는 사실이 아니다.

反义词共现分别出现在(15)汉语"有—有—"句法结构和(16)韩国语"-든-든"句法结构中。从例句中可以看出,它们的整体语义不是反义词语义的合成,而是指反义词的所属概念域整体。(15)中的整体语义指全体,分别表示"所有年龄""各种身高""生活中的各种滋味""整个事件",(16)具有"无论如何"之义。可以说它们的这种语义生成是[部分代表整体]转喻机制作用的结果。

2. 隐喻

除了上述合成词的语义之外,还有一部分正反义联合式合成词的语义发生了转移,也就是由其构成成分的概念域转移到了其他概念域,这种语义转移的发生是概念隐喻机制作用的结果。概念隐喻的本质在于用一个领域的概念来理解另一个领域的概念,两个领域之间的相似性是通过我们的身体经验获得的。可以说隐喻不是单纯的语言现象,而是一种思维方式。人类对客观世界的认识总是伴随着从具体到抽象的转变过程,正反义联合式合成词的语义也经历了从具体到抽象的转移过程。

例如,韩国语的"안팎"除了具有"里外"之义外,还具有"内心的想法和外在的行动"和"夫妇"之义。这是因为在空间领域分别指示空间内部和外部的"안"和"밖"分别向人的领域扩展,基于我们的身体经验和文化认识,一方面分别指示身体内部的"思想"和身体外部的"行动",另一方面分别指示主要在家里活动的"妻子"和主要在外面活动的"丈夫"。这一过程图式化如图3-6:

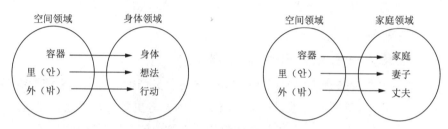

图3-6　基于概念隐喻的"안팎"语义扩展

总之,在正反义联合式合成词的语义构成过程中,由于隐喻的作用,其语义从具体领域逐渐向抽象领域扩张,发生了语义的转移。

3. 转喻与隐喻的相互作用

一些正反义联合式合成词在语义构成的过程中,不仅会发生单一的转喻或隐喻,有时两者还会同时发生,或先或后,相互作用。在这种情况下,正反义联合式合成词的语义一般通过转喻具有了整体性后,这种整体性再通过隐喻向抽象领域扩张,或者构成正反义联合式合成词的反义词通过转喻分别指示某种对立的特性,这种特性再通过隐喻向其他领域扩张。这一过程可图式化如图3-7:

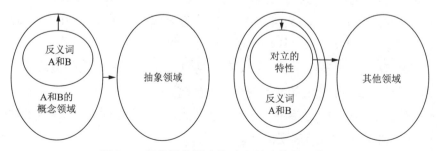

图3-7　反义词共现中隐喻和转喻的相互作用

分别以合成词"轻重"和"矛盾"为例,分析这两个合成词的语义是如何通过隐喻和转喻的相互作用发生扩展的。

首先,"轻重"通过［部分代表整体］这一转喻发生作用,其整体语义具有了"重量"之义。之后这个"重量"的语义通过隐喻,具有了"分寸"之义,也就是说［重量是标准或限度］隐喻发生了作用。"矛盾"在武器这一概念领域通过［部分代表整体］转喻作用,使"矛"和"盾"指示了相互对立的特性。这种对立性通过［互相对抗的武器是相互冲突的关系］隐喻作用,从武器领域扩展到其他领域,指示两个事物发生冲突的关系。

以上正反义联合式合成词,通过隐喻或转喻,或两者之间的相互作用,整体语义发生了扩展。

(三)语义褪色与前景·背景原理

在正反义联合式合成词的语义构成中,一对反义词中的一个语义被淘汰,只保留另一个语义,其原因可能是一对反义词中的一方更具有显著性。在这种情况下,正反义联合式合成词中显著性较强的语义被保留,显著性较弱的语义被淘汰。认知语言学的"全景(figule)、背景(ground)"原理可以很好地解释这种现象。

根据前景·背景原理,说话者总是主观地对事物的某一部分赋予"显著性(prominence)",并通过语言表达出来。反义联合式合成词中哪个组成成分更显著,与说话者的视角有关。也就是说,受到注意的部分被赋予显著性,其语义得以保留。但显著性并不总是能够根据说话者的视角进行逆转,在显著性的赋予上有一定的规则。

首先,人在万物中占有最高的地位,比其他事物具有显著性。合成词"人物"只指"人"就很好地说明了这一点。

其次,有害的一般比有利的更受关注,所以显著性就强。汉语的"长短、紧张、异常、廉耻、安危、恩怨、死活、褒贬、舍得"等合成词在具体语境中其整体语义一般只保留了一对反义词中具有负面语义的一方。

再次,移动的比一直静止的更能吸引我们的目光,具有较强的显著性。"动静、缓急"等合成词的语义构成便属于这种情况。

最后,施动者一般比受动者具有更多的力量,显著性就更强一些。"教学"这一合成词的语义构成就表现出这一点。

但并不是所有选择式合成词的语义构成都完全符合以上这些规则。汉语中的"女儿"只意味着"女孩子"便违背了上面的规则。

在传统的词汇语义学研究中,这种"语义褪色(semanticfading)"现象被归因于历史或社会的原因。但是这些因素是外部的,其内在动机源于语言使用者的认知。显著性这一认知因素可以为所属语义选择式的合成词语义构成提供内在动因和合理的解释。

五、小结

反义词在不同语言中都占较大比重,在语言使用中也具有不可替代的作用。特别是反义词共现可以起到多种作用,其语义构成的过程也很复杂。本节将反义词共现的语法单位限制在词汇层面,对正反义联合式合成词的语义构成进行了汉语和韩国语的对比。

通过以上分析,可以看出由一对反义词构成的合成词在汉语和韩国语中既有相似的一面,也有不小的差异。这类合成词的语义构成方式主要有语义合成式、语义选择式、语义融合式三种类型,且在汉语和韩国语中都可以发现,只不过汉语的数量比韩国语的数量多。特别是其中的语义选择式,我们只给出了韩国语"잘못"这一个示例。我们也发现正反义联合式合成词在两种语言中虽然都出现了词性转换的现象,但在韩国语中只有名词和副词之间的转换,而在汉语中存在着大量由名词、动词、形容词反义词对组合而成的合成词发生了向其他词性转换的情况。此外,对正反义联合式合成词进行词性划分时,汉语和韩国语中都没有形容词词性这一点值得关注。

通过以上论述,可以看出一对反义词的各个语义在构成合成词的整体语义上起到了基础作用。也就是说,这类合成词的整体语义是以反义词各自的语义为基础而构成的。在这一过程中,隐喻或转喻或两者的相互作用起到了至关重要的作用。另一方面,根据前景·背景原理,正反义联合式合成词的意义褪色很大程度上受反义词的不同显著性及我们对显著性进行的主观认知的影响。

虽然我们以由反义词组成的合成词为对象,从认知语言学的视角考察了它们的语义构成过程,但是反义词共现现象在语言的各个层级中都可以发现,除了合成词,在其他语言单位中,反义词共现的语义构成会呈现出怎样的面貌,还需要进一步的探讨。

第四章 语法层面的认知对比语言学个案研究

从语言类型学(linguistic typology)来看,世界语言按语言的结构特点和形态变化大体上可分为屈折语(inflectional language)、黏着语(agglutinative language)、孤立语(isolated language)三种类型。由于汉语和韩国语分别属于孤立语和黏着语,所以两种语言在语法层面会存在很多的差异,尤其是在句子结构和语法关系的表达方式上。对比汉语和韩国语句子结构和语法关系的异同,并探索其背后存在的认知因素就是从语法层面所进行的认知对比语言学研究。

本章旨在回答三个问题:句子结构与认知有什么关系? 汉语和韩国语在句子结构和语法关系表达上有哪些不同? 汉语和韩国语在句子结构和语法关系表达上的差异反映哪些认知特性?

第一节 句子结构与认知的关系

索绪尔以来,语言结构作为语言研究的主要课题已历经百年。不同语言学派对语言结构的认识各不相同。结构主义语言学把语言结构的分布视作语言系统内的静态构成成分;生成语言学将其视为语言获得机制(LAD)中固有的自主的产物;功能语言学着眼于语言结构的社会作用;认知语言学认为它是经验的产物,是象征性的,反映人类认知中的概念结构。虽然语言结构在不同的研究者眼中有很大的不同,但我们都知道,用语言表达自己并理解别人的话语就必须掌握句子结构的规律。如学习英语时,知道了单词"give",并不等于就能成功地表达自己想说的意思,只有掌握其句子结构规则,说出"He gave me a book. ""He gave a book to me. ""He has given me a book. "等句子,听话人才能明白说话人的意图,进而给出自己的反应或评价。而我们在进行语言交流时,同一语义真值往往可以通过不同的句子结构表达出来。如"他砍了一棵树""他把一棵树砍了""一棵树被他砍了"都表达了施事"他"通过实施"砍"的动作,使受事"树"发生了状态变化这一语义真值。无论是不同语言的相同语义通过不同的句子结构表达,还是同一语言的同一语义真值通过不同的句子结构表达,从认知语言学的视角来看,其背后都隐藏了一定的认知因素。

20 世纪 70 年代出现的认知语言学从句子结构的认知基础出发,认为不同的句子结构体现了人们对这个世界所发生事件的不同识解方式,不同的句子即便是语义真值相同,但体现的是不同的语义内涵。兰盖克(Langacker,2008:55)指出,一个表达式的意义不只是它所唤起的概念内容,同样重要的是人们对这一内容进行识解的方式,即意义是概念内容和识解方式作用的结果。他认为识解是人类对相同情况进行不同认识和描绘的能力,有不同的方面或维度,包括详略度、聚焦、显著度和视角等。

详略度主要涉及表达式的具体性或图式性特征,说话人可以根据交际需求选用较为具体的句子结构。如"昨天他进城买了一辆电动自行车",也可以选用更具图式性特征的表达"昨天某人做了某事",但后一句的信息量不及前一句。聚焦包括为语言表达而选择概念内容以及对所选概念内容进行前景和背景的安排。图形—背景(figure—ground)现象就是前景和背景在感觉、知觉领域中的体现。如寂静之中突然发出一种噪音,噪音可以理解为是图形,寂静是其发生的背景。兰盖克认为显著度包括多种类型。射体—界标组合(trajector—landmark alignment)就是显著度的一种,突出的是句子所描述关系中的参与者。例如:

(1) A dog chased a cat.

(2) A cat was chased by a dog.

在(1)中,说话人想要突显的是"a dog",它是射体,是说话人想要描述、评价或定位的个体。而"a cat"则是被作为第二位突显的参与者来描述的;相反在(2)中,"a cat"是射体,是说话人想要描述、评价或定位的个体,而"a dog"却是被作为第二位突显的参与者来处理的。也就是说,在这两个句子中,事件的参与者被赋予了不同程度的突显,更为突显的个体是说话人描述的重心,虽然单从"句子=形式结构"来看,"a dog"和"a cat"应该是处于对等、平衡的状态。

　　视角是指人们观察问题的角度,体现了人类生理机能与外界事物的相互作用,本质上是一种认知范畴,反映了人们控制、运用注意的认知能力。视角的不同会对句子结构产生一定的影响。如句子"The bike is in front of the tree."和句子"The tree is in front of the bike."就体现了观察者的不同视角。前一句表明观察者是站在与自行车距离较近的正面直线空间位置上,而后一句表明观察者是站在与树距离较近的正面直线空间位置上。

　　语言是思维工具、文化载体。不同文化在思维方式上的差异也会造成交际行为、语篇结构以及句法等方面的不同。比如,英语句子结构重形合,汉语句子结构重意合。潘文国在《汉英语言对比纲要》一书中就曾指出,英语句子是树式结构,汉语句子是竹式结构。也就是说,英语句子犹如一棵枝叶繁茂的参天大树,有树干,有枝叶,枝叶以树干为核心。不管一棵大树的枝叶有多么繁茂,不管一个句子有多么复杂,都有一套自己的主干。有些时候,在处理英语句子的时候,我们就需要剔除"枝叶"。而汉语句子就不同了,在表情达意时,往往要借助动词,按照动作的发生顺序或逻辑顺序,逐步交代,层层铺开,结构犹如竹子,一节一节连下去,表义不完,句子不止。这两种不同的结构类型反映了英语文化的细节分析认知模式和汉语文化的整体综合认知模式的差异。

　　不用语言以不同的句子结构表达相同的语义,体现了不同语言圈的认知方式有差异,同一语言的同一语义真值通过不同的句子结构来表达,体现了不同语言使用者的识解方式不同,句子结构与我们的认知有着千丝万缕的联系。汉语属于汉藏语系、孤立语,几乎没有形态变化,且没有专门表示语法意义的附加成分,主要依靠虚词和语序表达语法关系。而韩国语属于阿尔泰语系、黏着语,相对于形态变化较少的汉语来说,韩国语形态变化比较丰富,具有专门表示语法意义的附加成分,主要依靠附加成分(助词和词尾)表示语法关系,其句子成分的排列不十分严格,必要时可以调换,即使语序变了,只要助词和词尾不变,句子成分就不变。下面我们将通过两节的内容,探讨汉韩空间关系表达式和存在句在句子结构上的差异,并分析其背后的认知因素。

第二节　汉韩空间关系表达式的概念化方式

一、研究背景

　　"空间关系(spatial relation)"指的是现实世界中两个或两个以上物体在空

间中所显现的方位关系,用来表达这种关系的语言手段可称为空间关系表达式。张克定(2016:9)指出,空间关系是两个或多个客观事物在空间中所显现的关系,这种空间关系离不开人对客观事物的观察和认识,因此,空间关系是人对客观事物在空间中的方位、存现或运动状态能动认知的结果,空间关系的语言表达式称为"空间关系构式(spatial relation constructions)"。

各语言都有其相应的空间关系表达式,但受各自语法结构的制约,空间关系构式在类型、数目以及语法标注方式等方面会有不同程度的差别,甚至看起来相同的结构,也可能具有不同的语义内涵。探讨这种差别背后的原因,有助于我们认识语法结构与意义产生的过程,揭示跨语言的共性和个性。就汉语来说,从对比语言学的角度将研究对象限定在空间关系构式的研究并不多见,只有李肃宁(2001)、徐英平(2006)、刘超(2008)、赵雅蓓(2009)、刘泓(2011)、范彩霞(2016)、刘桂玲(2017)等少数几篇集中在汉俄和汉英之间的比较研究,与汉韩空间关系表达式有关的研究主要是对组成空间构式的个别词类,如介系词①、存在动词、移动动词的语义扩展及对应关系的对比,或者像存现句这样特殊句式的用法对比等。可见,将用来表达汉韩空间关系的各种构式进行横纵向对比的研究几乎是学术界盲点。本节以汉韩空间关系这个语义范畴为切入点,将研究视角从构成空间关系表达式的某一成分扩大到整个空间关系构式,通过对空间关系构式的各个类型进行对比分析,探讨汉韩两种语言空间关系表达式的特点与差异,并从认知语言学的角度揭示汉语和韩国语使用者对空间关系进行概念化方式的差别。

本节的主要研究内容如下。

首先,回顾前人研究关于空间关系表达式的论述。

其次,从处所格标记的语义范围和方位词的隐现条件两个方面探讨汉语和韩国语空间关系表达式的异同。

再次,探讨汉韩空间关系表达式异同背后的概念化方式。

最后,总结本节研究的内容,并提出尚未解决的问题。

---

① 用来标注名词语法功能的语法标记在不同的语言中类型是不同的,如声调、词缀、词尾、语序、词。汉语除了可以靠语序实现名词的语法功能外,介词也是名词实现语法功能的一种手段,而韩国语主要靠在名词后添加助词来实现名词的语法功能。本节将这种在句子中用来标注名词语法功能,也就是名词或其同等语与句中其他成分之间关系的单词形式统称为"介系词(adposition)"。

二、理论框架

齐沪扬(2014:9)主张空间关系表达式由物体本身、物体存在的处所、物体存在的方式三要素组成。根据这一点,我们可以抽象出空间表达式的基本构成为"NP+SP+VP"。其中"NP"代表物体本身,也就是"目标物(Object)";"SP"代表目标物存在的处所;"VP"代表目标物存在的方式。在空间关系表达式中,"VP"是谓语成分,"NP"和"SP"分别与"VP"形成语义关系,根据"NP"是否定指(Definite articles),在不同的语言中,"NP"可以是主语或者宾语,"SP"可以是主语、状语、宾语、补语等。而SP在不同的语言里,以不同的手段表达出来[①]。在汉韩空间表达式中,SP基本上以介系词结构的形式出现,如(1)中的选重部分[②]:

(1) a1. 试卷还在桌子上放着呢。

    试卷　在(处所格标记)—桌子—上(方位词)　放着
     NP　　　　　　　SP　　　　　　　　VP

  a2. 本次列车开往上海。

    本次列车　开往(处所格标记)—上海
     NP　　　　VP　　　　　　　SP

  b. 동생이 집에 갔다.

    弟弟—主格标记　家—에(处所格标记)　去—词尾
     NP　　　　　SP　　　　　　　VP

    弟弟回家了。

从语言类型学角度来看,如(1a, b)所示,汉语SP的位置既可以出现在谓词之前,又可以出现在谓词之后;如(1c)所示,韩国语SP只能出现在谓词之前。从标注SP的语法标记来看,汉语的处所格标记(介词)位于名词前,属于前置词,韩国语的处所格标记(助词)位于名词后,属于后置词;除语法标记外,SP一般由名词或名词短语构成,如(1a2)中的"上海"为处所词,而(1a1)中的"桌子上"为名

---

① 崔希亮(2002)指出,有的语言用介词来标引空间方位,如英语;有的语言用介词加上方位词来标引空间方位,如汉语;有的语言用格助词来标引空间方位,如日语;还有的语言用介词加上名词的曲折变化(格尾)来标引空间方位,如俄语;还有的语言用名词加上方位词尾来标引空间方位,如芬兰语。标注空间方位的成分在句子中的位置也不一样,有三种位置类型:谓语动词之前的前置型、谓语动词之后的后置型以及前后并存型。

② 汉语中的一部分SP可以直接由处所词充当,例如"我在家呢""北京来了两个人"等。

词"桌子"和方位词"上"组成的短语,其中名词可以理解为确定目标物方位的"参照物(reference object)",方位词用来指示由参照物确定的空间方位。(1)中,除了可以观察到汉韩在表达空间关系时,语序、形态等方面存在显著的类型学差别外,汉韩空间关系表达式中的 SP 在表达方式上还存在哪些细小而重要的差别,其背后的原因是什么,也是本节要解决的问题。

从认知语言学的角度来看,空间关系的语言表达是语言使用者对客观事物间方位关系的概念化,因此,空间关系表达式所描述的空间关系与其说是客观上真实存在的,不如说是语言使用者对空间场景进行主观性识解的结果。

(2)a. 他的大衣掉在阳台围墙的下面。

    b. 外环路的南面和东面是工业区。

    c. 这里左边是悬崖,右边是深沟。

(2)中描述了"大衣"与"阳台围墙""工业区"与"外环路""悬崖"和"深沟"与"这里"之间的空间关系。但在确定具体空间方位上,所选择的"参照点(reference point)"并不相同。(1a)中,"围墙的下面"这一空间方位通过"围墙"便可以确定。而(1b)中,"外环路的南面和东面"这一空间方位除了需要"外环路"的位置,其"南面和东面"是由地球这一参照点决定的;(1c)中,"这里"及"左面"和"右面"这一空间方位只有通过观察者的实际位置才能确定。这说明在对空间场景进行概念化时,我们只有通过某些参照点,才能确定目标物体的相对空间方位。根据以上论述,可以把空间关系图式化为图 4-1:

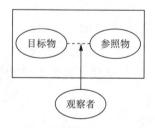

图 4-1 空间关系的构成要素(张克定 2008:4)

图 4-1 中,四边形表示由两个参与者形成的空间场景,其中一个参与者为需要确定方位的"目标物(located object)",另一个参与者是用来决定目标物方位的"参照物(reference object)"。它们之间用虚线连接是因为这种关系不是客观存在的,而是这个空间场景"观察者(viewer)"的概念化结果。我们可以把图 4-1

看作一种跨语言的空间关系图式,作为汉韩空间关系表达式比较的参考基点。

根据图 4-1 中的目标物和参照物之间是否发生位置变化,张克定(2008)将空间关系划分为"静态性空间关系"和"方向性空间关系"两大类型。这两种空间关系的表达式可以通过下面示例说明:

（3）a. 20 多名儿童在操场上载歌载舞。

　　　b. 在书桌上有一本打开的书。

（4）a. 他从上海出发。

　　　b. 一位白发男人正从中南海红墙外走过。

　　　c. 两个女工一屁股坐在了凳子上。

　　　d. 水往低处流。

从例句可以看出,(3a)中的目标物"儿童"和参照物"操场"之间,(3b)中的目标物"书"和参照物"书桌"之间没有发生位置变化,即目标物和参照物之间形成的空间关系是一种"静态性空间关系",但按照目标物是否在由参照物所确定的空间内发生运动,可以将(3a)看作是一种"相对静止性空间关系",而(3b)则属于"绝对静止性空间关系"。(4a)中的目标物"他"和参照物"上海"之间、(4b)中的目标物"男人"和参照物"红墙"之间、(4c)中的目标物"女工"和参照物"凳子"之间发生了位置变化,即目标物和参照物之间形成的空间关系是一种"方向性空间关系",按照目标物与由参照物所确定的空间之间的位置关系,可以将(4a)看作是一种"出发移动",而(4b)和(4c)则分别属于"通过移动"和"到达移动"。

为了汉韩平行对比的需要,本节所涉及的汉韩空间关系表达式均为常规句式,不包括空间方位成分以宾语形式出现的情况。此外,省略或不使用处所格标记以及一些用来表达空间关系的特殊句式也不在本节的考察之内。下列类型的句子都不是本节讨论的对象。

（5）a.　现在很多医生为了随时发现情况,跑病房更勤了。

　　　b.　학교를 갈 때…
　　　　　学校—宾格标记　去—词尾　—时候
　　　　　去学校的时候……

（6）a1. 他进工厂、去学校。

  a2. 家里来了一大堆亲戚。

  b. 그 회사 가보셨어요?

   那家公司—处所格标记省略 去—助动词—词尾

   您去过那家公司吗？

  （5a）中的空间方位成分"病房"出现在谓词"跑"的后面，从形式上来看为"跑"的宾语。"跑"为移动方式动词，汉语的移动方式动词与方向性移动动词不同，直接带宾语时存在句法语义上的制约[①]；（5b）中的空间方位成分"학교（学校）"后接的是宾格标记"를"。韩国语的移动动词不管是移动方式动词还是方向性移动动词均为自动词（不及物动词），其空间成分需要用处所格标记。可见，（5a，b）均为非常规句式。（6）中的空间关系表达式没有使用处所格标记。其中，（6a1）中的谓词"进"和"去"属于方向性移动动词，从汉语的句法上来看，这样的方向性移动动词可直接带宾语。（6a2）属于存在句式，此句式中的空间方位成分为主语，不需要处所格标记标注。（6b）省略了处所格标记，从韩国语的句法上来看，格标记的省略通常出现在口语体，且省略后的句子不应有歧义。这些都不属本节讨论范围。

三、汉韩空间关系构式的异同

  下面我们通过具体示例，重点考察汉韩在空间关系构式上的异同。

（一）处所格标记的语义范围

  空间关系按照构成空间关系的目标物和参照物之间是否发生位置变化可以划分为空间方位关系和空间移动关系两大类。在表达这两种空间关系上，汉韩都需要借助不同的处所格标记，但这些处所格标记在语义功能上存在差异。

  首先，在表达空间方位关系时，用来标注 SP 的处所格标记汉语为"在"，而韩国语按照 SP 是事件发生的"背景（setting）"还是物体存在的"处所（location）"，处所格标记分别为"에서"和"에"。

---

① 不及物动词带宾语现象的研究十分丰富，如史有为（1997）认为处所宾语结构表示"事类"语义，与之对应的介词结构表示"事例"。郭继懋（1999）对"飞上海"这样的不及物动词带宾语现象，从表义规律、结构性质、语体特点等方面进行了较为全面的考察。徐靖（2008）对"移动样态动词＋处所宾语"结构的语义动因进行了解释。

（7）a. 天真的孩子们在教室里琅琅地读书。

　　　b. 一幅画在墙上挂着。

（8）a. 우리가 도서관에서 만나기로 하였다.

　　　我们—主格标记 图书馆—处所格标记 见面—词尾

　　　我们决定在图书馆见面。

　　　b. 지갑에는 신분증 등이 들어 있었다.

　　　钱包—处所格标记—辅助词 身份证等—主格标记 装—助动词—
词尾

　　　钱包里装着身份证等。

　　（7a）描述了"读书"这一事件在"教室"内部发生，（7b）"画"存在于"墙"
表面。用来标注"教室里"这一事件发生的"背景"和"墙上"这一物体存在
的"处所"时，汉语用的处所格标记都是"在"；（8a）描述了"만나다"这一事件
在"도서관（图书馆）"内部发生，（8b）描述了"신분증"等物体存在于"지갑（钱
包）"内部。用来标注"도서관"这一事件发生的"背景"和"지갑"这一物体存
在的"处所"时，韩国语用的处所格标记分别为"에서"和"에"。

　　其次，在表达空间移动关系时，按照 SP 是移动体位移的"起点（source）"
"路径（path）"，还是"终点（goal）"或"方向（direction）"，汉语的处所格标记分别
为"从（由）""往（向）""在/到"等，韩国语的处所格标记分别为"에서""（으）
로""에"。

（9）a. 他从（由）上海出发。

　　　b. 一位白发男人正从（由）中南海红墙外走过。

　　　c. 水往（向）低处流。

　　　d. 两个女工一屁股坐在/到了凳子上。

（10）a. 서울에서 출발할 예정이냐?

　　　首尔—处所格标记 出发—词尾

　　　你打算从首尔出发吗?

　　　b. 범인이 뒷길로 빠져 나갔다.

　　　犯人—主格标记 后巷—处所格标记 逃出—词尾

　　　犯人从后巷逃了出去。

c. 이쪽으로 오너라.

　这边—处所格标记 来—词尾

　来这边吧。

d. 아버지는 집에/으로 돌아왔다.

　爸爸—主格标记 家—处所格标记 回来—词尾

　爸爸回家了。

在汉语的空间关系表达式中,(9a)描述了移动体"他"远离"上海","上海"为移动体"他"移动的"起点",标注起点的处所格标记为"从(由)";(9b)描述了移动体"男人"通过"红墙外"的空间场景,"中南海红墙外"为移动体"白发男人"移动的"路径",标注路径的处所格标记还是"从(由)";(9c)描述了移动体"水"向某一方向移动的空间场景,"低处"为移动体"水"移动的"方向",标注方向的处所格标记为"往(向)";(9d)描述了移动体"女工"向目的地"凳子"移动的空间场景,"凳子上"为移动体"女工"移动的"终点",标注终点的处所格标记为"在(到)"。在韩国语的空间关系表达式中,(10a)描述了移动体"나(我)"远离"학교(学校)"的空间场景,"학교"为移动体"나"的"起点",标注起点的处所格标记为"에서";(10b)描述了移动体"범인(犯人)"通过"뒷길(后巷)"的空间场景,"뒷길"为移动体"범인"的"路径",标注路径的处所格标记为"(으)로";(10c)描述了某一物体向说话者一方移动的空间场景,"이쪽"为移动体移动的"方向",标注方向的处所格标记还是"(으)로";(10d)描述了移动体"아버지(爸爸)"到达"집(家)"的空间场景,"집"为移动体"아버지"的"终点",标注终点的处所格标记为"에/(으)로"。

通过以上示例的对比,我们可以得出汉韩处所格标记的语义功能与对应关系,如图4-2所示:

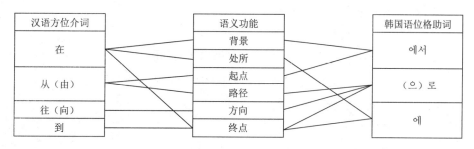

图4-2　汉韩处所格标记的语义功能及对应关系

（二）方位词的隐现条件

上述的空间关系如果从目标物是否被参照物包含的角度来看，还可以划分为包容性空间关系和相邻性空间关系。其中包容性空间关系指目标物在参照物的空间范围之内，相邻性空间关系指目标物在参照物空间范围之外或与参照物邻接。汉韩主要通过方位词来区别这两种空间关系，但汉韩在方位词的隐现条件上存在差异。

（11）a. 孩子们静静地坐在教室（里）。

    b. 现金装在钱包里面。

（12）a. 방（안）에서 하루종일 지냈다.

    房间（里）—处所格标记 一整天 过—词尾

    在房间里过一整天。

    b. 주머니（속）에는 화폐가 들어 있었다.

    口袋（里）—处所格标记—辅助词 纸币—主格标记 装—助动词—词尾

    口袋里装着纸币。

（11a, b）分别描述了"孩子们"和"现金"存在于"教室"和"钱包"内部的空间场景；（12a, b）分别描述了说话者和"纸币"存在于"방（房间）"和"주머니（口袋）"内部的空间场景。此时，目标物被参照物的空间所容纳，（11）和（12）属于包容性空间关系。从例句可以看出，这种包容性语义主要通过在参照物的名词后添加"里／안（속）"这种指示物体内部的方位词来实现。如（11）和（12）中的括号所示，用来指示物体内部的方位词在汉语里部分可以省略，而在韩国语里基本都可以省略。

（13）a. 这套书总是放在书桌上。

    b. 北京坐在首尔的西面。

（14）a. 책상（위）에 메모지 한 장이 놓여 있었다.

    书桌上—处所格标记 便条一张 放—辅助动词—词尾

    书桌上放着一张便条。

    b. 북악산은 서울 북쪽에 있다.

    北岳山—辅助词 首尔北边—处所格标记 在

北岳山在首尔的东边。

（13a）和（14a）分别描述了"书"和"메모지（便条）"存在于"书桌"和"책상（书桌）"上表面的空间场景；（13b）和（14b）分别描述了"北京"和"북악산（北岳山）"位于"首尔"和"서울（首尔）"外部某侧的空间场景。（13a）和（14a）中，目标物与参照物邻接；（13b）和（14b）中，目标物与参照物分离，（13）和（14）都属于相邻性空间关系。从例句可以看出，这种相邻性语义主要通过参照物名词后结合"上/위"，"西面/북쪽"等方位词来实现。汉语和韩国语的这类方位词也可以用来指示某一空间内部，例如"天津开发区坐落在天津东南部"。其中，用来指示上表面时，如（14a）中的括号所示，韩国语"위（上）"可以省略，而汉语在表达相邻性空间关系时，方位词均不可以省略。

通过以上示例的对比，我们可以得出汉韩方位词的强制性及对应关系如表 4-1 所示：

表 4-1　汉韩方位词的强制性及对应关系

强制性	包容性空间关系		相邻性空间关系	
	参照物是处所词	参照物不是处所词	目标物与参照物邻接	目标物与参照物分离
汉语方位词	一般不用	强制性	强制性	强制性
韩国语方位词	非强制性	非强制性	非强制性（表面接触时）	强制性

综上所述，在表达空间方位关系和空间移动关系上，汉韩都存在用同一个处所格标记标注多种空间方位成分或同一种空间方位成分由不同的处所格标记来标注的情况。不同的是，汉韩的这些处所格标记不是一一对应的，而是交叉对应的；在表达包容性空间关系和相邻性空间关系上，汉韩基本上都可以通过在参照物名词后添加方位词的方式来表达空间方位成分，但这些方位词所具有的强制性和隐现条件不同。樊海燕和钱小飞（2008:73）指出，汉语中作为方所题元的典型标记形式，方位词通常需要强制性显现，但体词性成分中的部分小类由于受句法、语义、韵律、认知等因素的影响，它们在充当方所题元时后附的方所标记可以出现也可以不出现。

四、汉韩对空间关系的概念化差异

语言研究的目的，不仅要对语言表达进行充分描写，还要对这些语言现象进行合理解释,找出其背后的根据。认知语言学认为语义结构是对语义规约特征的概念化,下面我们试图从概念化的角度对上述汉韩空间关系表达式的差别作出解释。

(一)汉韩对空间场景进行范畴化的视角相反

从语言范畴象征概念范畴这一观点来看,汉韩都存在用同一处所格标记标注不同空间语义角色的情况。在空间关系表达式中,汉语可以将"背景""处所"和"终点"用"在"来标注,"起点"和"路径"用"从(由)"来标注,这说明汉语将"背景""处所"和"终点"划分为一个范畴,将"起点"和"路径"划分为另一个范畴;韩国语可以将"背景"和"起点"用"에서"来标注,"方向""路径"和"终点"用"(으)로"来标注,"处所"和"终点"用"에"来标注,这说明韩国语分别将它们划分为三个不同的范畴。根据范畴化理论,同一范畴的成员应具有一定的认知共性,我们可以设立这样的假说:汉语按执行某一行为后目标物是否存在于某一特定空间,将物体存在的空间概念化为同一范畴;韩国语按某种行为执行前目标物是否存在某一特定空间,将物体存在的空间概念化为同一范畴。也就是说,汉语对空间场景进行范畴化时,将观察视角放在执行行为之后;而韩国语对空间场景进行范畴化时,将观察视角放在执行行为之前。我们通过具体示例对此假说进行验证。

(15)a. 他在阵地上奔跑着。

　　　b. 老徐在床上躺着呢。

　　　c. 孙元又坐在了椅子上。

(16)a. 우리는 도서관에서 만나기로 하였다.

　　　我们—辅助词 图书馆—处所格标记 见面—词尾

　　　我们约定在图书馆见面。

　　　b. 서울에서 출발할 예정이냐?

　　　首尔—处所格标记 出发—词尾

　　　你(们)打算从首尔出发?

(15)中的"在"分别用来标注"背景""处所"和"终点",各句中 VP"奔跑""躺""坐"所指示的动作执行后,目标物"他""老徐""孙元"在 SP"阵地上""床上""椅子上"所指范围内。(16)中的"에서"分别用来标注"背景"和"起

点"，各句中 VP "만나다（见面）""출발하다（出发）"所指示的动作执行前，目标物"우리（我们）""听者"需存在于 SP 所指"도서관（图书馆）""서울（首尔）"空间范围内，符合我们的假说。

（17）a. 空车从桥上开了过去。

　　　b. 几千只的小鸟从笼里飞出。

（18）a. 아버지는 집으로 돌아왔다．

　　　　爸爸—辅助词 家—处所格标记 回来—词尾

　　　　爸爸回家了。

　　　b. 범인이 뒷길로 빠져 나갔다．

　　　　犯人—主格标记 后巷—处所格标记 逃出去—词尾

　　　　犯人从后巷逃脱了。

　　　c. 그는 강기슭으로 나왔다．

　　　　他—辅助词 河岸—处所格标记 出来—词尾

　　　　他从河岸走了出来。

　　（17）中的"从"分别标注"起点"和"路径"，各句中 VP "开过去""飞出"所指示的动作执行后，目标物"空车""小鸟"不在 SP "桥上""笼里"所指空间范围内。（18）中的"（으）로"分别标注"方向""路径"和"终点"，各句中 VP "돌아오다（回来）""빠져나가다（逃出去）""나오다（出来）"所指示的动作执行前，SP "집（加）""뒷길（后巷）""강기슭（河岸）"的指示范围内不存在目标物"아버지（爸爸）""범인（犯人）""그（他）"，符合我们的假说。

　　在位移事件中，这个假说也可以理解为汉语的观察视角在移动事件的终点，而韩国语的观察视角在移动事件的起点。概念化主体从"起点"观察移动事件时，移动体向着"终点"移动的每一瞬间所经过的位置均可以看作移动的"方向"和"终点"，这些位置一起构成移动的"路径"；与此相反，概念化主体从"终点"观察移动事件时，移动体向着"终点"移动的每一瞬间所经过的位置除了一起构成移动的"路径"这一点相同以外，各个位置只可以看作移动的"起点"，这与从"起点"观察移动事件正好相反。由于两个不同的观察视角，汉语中的"起点"和"路径"重合，韩国语中的"方向""路径"和"终点"重合，分别被概念化为同一个范畴，用同一语法标记来标注。实际上，在许多汉韩空间关系表达式中，"从"

标注的是"起点"还是"路径","(으)로"标注的为"路径""方向"还是"终点"，如果没有上下文，就会如例（19）一样，难以判断。

（19）a. 他这次从北京去美国。

　　　　("北京"可以是出发的"起点"或途中经过的"路径")

　　　b. 그가 다리로 걸어왔다.

　　　　他—主格标记 桥—处所格标记 去—词尾

　　　　他从桥上走了过来／他向桥这边走来／他走到了桥（这儿）。

　　　　("桥"可以是"路径""方向"或"终点")

此外，从汉韩方位词的强制性上，也可以看出汉韩对空间场景进行范畴化的视角是不同的。

（20）a. 那个人还在椅子上坐着，望着湖水。

　　　b. 한 사나이가 의자(위)에 앉아 있었다.

　　　　一男子汉—主格标记 椅子上—处所格标记 坐—词尾

　　　　一个男子汉正坐在椅子上。

（21）a. 亚历山大在一只抽屉里发现了一张照片。

　　　b. 책상 서랍(속)에는 일기장 등이 놓여 있다.

　　　　书桌抽屉里—处所格标记—辅助词　日记等—主格标记 放—词尾

　　　　书桌的抽屉里放着日记本等。

如（20）和（21）所示，为了指示"椅子"的上表面空间和"抽屉"的内部空间，汉语必须选择相应的方位词"上"和"里"，而与之对应的韩国语方位词"위"和"속"却可以省略。我们来看一下，韩国语方位词"위"和"속"可以省略的原因。一般情况下，椅子的功能特性主要是提供坐的地方，而构成椅子的各个部位中，只有椅子的上表面与"坐"这个行为有直接关系。同理，抽屉的功能特性是用来提供保管物品的地方，而构成抽屉的各个部位中，只有其内部空间是可以存放物品的。即椅子的上表面是其与坐的行为发出者形成接触关系的"检索区域（search domain）"，而抽屉的内部空间是与被存放物体形成包含关系的检索区域。根据我们的经验，如果能推测出参照物的检索区域，在韩国语中可以不用方位词来明示，这时方位词可以省略。否则，就需要用方位词来明示这个区域。但在汉语中，

即便是可以推测的检索区域,当参照物属于事物范畴时,其检索区域也需要靠方位词来明示。这是因为汉语的概念化主体在对空间场景进行概念化时,严格区分参照物是"事物(thing)"范畴还是"场所(location)"范畴。其结果是在汉语中,当用来指示参照物的名词不是处所词时,需要方位词将非处所词符号化为处所词的句法操作。

(二)汉韩对空间场景进行突显的侧面不同

汉韩都存在用不同的处所格标记标注同一空间语义角色的情况。从汉韩用不同的处所格标记来标注位移"终点"举例来看,如下:

(22) a. 他跑到同学家去了。

　　　 b. ＊他跑在同学家去了。

(23) a. 他坐到了椅子上。

　　　 b. 他坐在了椅子上。

(24) a. 他把画挂到了墙上。

　　　 b. 他把画挂在了墙上。

(22)～(24)中的 SP "同学家""椅子上""墙上"均表示"终点"。其中,(22)用来标注这一终点的处所格标记只能选择"到",而(20)和(21)却可以选择"到"或"在"。这种不对称性主要表现在"到"在语义上同时可以突显移动过程和移动终点,而"在"突显的只能是移动终点。"到"和"在"的这种语义差别可以通过动词的"体(aspectual)"加以验证。如果给动词进行体的划分,(22)的动词"跑"属于"非终结词(atelic verb)",而(23)和(24)的动词"坐"和"挂"属于"终结动词(telic verb)"。因此,"跑"的论元结构不要求结果位置,即"终点"论元;而"坐"和"挂"的论元结构需要有"终点"论元。此外,"跑"行为的实现,需要一定时间的持续,而"坐"和"挂"行为的实现是瞬间性的。(22)的事件本身包含一定的过程,其语言表达需要对这个过程进行突显;而(23)和(24)的事件本身包含结果位置,其语言表达需要对这个结果位置进行突显。因此,只能突显结果位置的"在"不能用来标注需要突显过程的事件上,所以(22b)为不合乎语法的句子。

(25) a. 순녀가 집에 돌아왔다.

　　　　　顺女—主格标记 家—处所格标记 回家—词尾

　　　　　顺女回到了家里。

　　　b. 순녀가 집으로 돌아왔다.

　　　　　顺女—主格标记 家—处所格标记 回家—词尾

　　　　　顺女回到了家里。

（26）a. 철수가 소파에 앉았다.

　　　　　哲秀—主格标记 沙发—处所格标记 坐—词尾

　　　　　哲秀坐在了沙发上。

　　　b. ＊철수가 소파로 앉았다.

　　　　　哲秀—主格标记 沙发—处所格标记 坐—词尾

　　　　　哲秀坐向沙发上。

　　（25）和（26）的 SP "집（家）""소파（沙发）"均表示"终点"。（25a）可以选择"에"和"（으）로"来标注，而（26）只可以由"에"来标注。这种不对称性主要表现在"에"的语义只能突显移动终点，而"（으）로"突显的是到达终点前的过程。（25）中，回家不仅要有终点，回家之前还需要一定的距离。此时，对移动终点"家"进行突显的话，我们可以选择"에"；而对与家逐渐接近的过程进行突显的话，我们可以选择"（으）로"。而"앉다（坐）"这个动作，如上所述，只有其结果位置具有突显性，这个动作是瞬间发生的，从开始到结束的过程可以忽略不计。因此，不能由具有突显移动过程的"（으）로"来标注，所以（26b）为不合乎语法的句子。

　　从（22）～（26）可以看出，虽然汉韩都可以用不同的处所格标记来标注相同的空间成分，但两者对相同空间场景突显的侧面并不完全相同。以到达移动为例，汉语可以用不同处所格标记分别突显的是终点或者终点及向终点位置移动的过程；而韩国语用不同处所格标记突显的是终点或者向终点移动的过程，即韩国语中没有同时突显终点和向终点位置移动过程的处所格标记。

　　其次，从汉韩在方位词的选择上来看，如下：

（27）a. 麦当劳过去从没有在火车上卖过汉堡包。

　　　b. 在餐车里，他面对着党旗，举手宣誓了。

　　　c. 운전기사가 무료하게 차안에 앉아 손님을 기다리고 있다.

司机—主格标记 无聊—词尾 车里—处所格标记 坐—词尾 客人—
宾格标记 等—词尾

司机很无聊地坐在车里等乘客呢。

如(27)所示,在指示像火车一样的密闭空间内部时,汉语有时不仅可以选择
方位词"里",还可以选择方位词"上";而韩国语只能选择方位词"안(속)"。这
与将某一事物概念化为空间时,两个民族对事物的不同侧面进行突显有关。从
方位词的选择上来看,汉语可以选择"里"和"上",说明在对像火车一样具有
密闭空间的交通工具进行概念化时,汉语不仅可以突显其形态特征——密闭空
间,还可以突显其功能特征——用来支撑物体的平面;而韩国语只突显其形态特
征——密闭空间。

(三)汉韩对空间场景进行扫描的顺序不同

从汉韩空间关系表达式在结构上的差别来看,如下:

(28) a. 一家人在沙发上坐着。

　　 b. 我坐在沙发上一言不发。

　　 c. 영우는 심드렁한 표정으로 소파에 앉아 있기만 했다.
　　　 荣佑—辅助词　心不在焉—词尾　表情—方式格标记　沙发—处
　　　 所格助词 坐—词尾
　　　 荣佑只是以心不在焉的表情在沙发上坐着。

(28a,b)和(28c)都属于绝对静止性空间方位关系的语言表达式。(28c)的
韩国语中,SP"소파(沙发)"只能出现在 VP"앉다(坐)"之前,而(28a,b)的汉
语中,SP"在沙发上"既可以出现在 VP"坐"之前,也可以出现在 VP"坐"之后。
这样的差别反映了两个民族对空间场景进行概念化时采取了不同的扫描方式。
汉语既可以采取先确认目标物和参照物的位置关系,再确认目标物行为动作的
扫描方式,也可以采取先确认目标物的行为动作,再确认目标物和参照物之间位
置关系的扫描方式;而韩国语只采取了前者的扫描方式。

此外,我们还可以观察到对于同一行为事件场景,汉语可以用表示到达移动
空间关系的语言表达式,而韩国语只能用表示行为事件的语言表达式。

(29) a. 尤世功在他胸口踢了一脚。

b. 유세공 씨는 발로 그의 가슴를 한 번 찼다.

尤世功先生—辅助词 脚—方式格标记 他的胸—宾格标记 一次
踢—词尾

尤世功用脚踢了他胸口一脚。

c. *유세공 씨는 발로 그의 가슴에 한 번 찼다.

尤世功先生—辅助词 脚—方式格标记 他的胸—处所格标记 一次
踢—词尾

尤世功在他胸口踢了一脚。

在(29a)的汉语中,"他胸口"被概念化为"踢"行为的结果位置,由标记终点的处所格标记"在"来标注。而在(29c)的韩国语中,"가슴(胸口)"却不能通过标注终点的处所格标记"에"来实现,只能像(29b)那样以受动者的语义角色出现,在语言表达上由宾格标记"을/를"标注。实际上,汉语也可以采取"他踢了他胸口一脚"的语言表达式。这说明在一个事件中,行为的终点同时为行为的对象时,汉语可以将其概念化为"终点",也可以概念化为"受动者";而韩国语只能将其概念化为"受动者"。即,汉语可以把类似的事件概念化为空间关系,而韩国语只能将其概念化为行为事件。这种差别并不是因为两个民族对上述事件有着不同的体验,它反映了不同语言使用者具有对同一事件以不同的方式进行概念化的能力。

五、小结

本节通过对汉韩空间关系表达式的对比,发现汉韩除了在语序、形态上具有显著的类型学差异外,两者在表达方式上也存在许多细小而重要的差别。这些差别反映了两个民族对空间场景进行概念化时存在范畴化的视角差异、突显差异以及扫描顺序差异,此结论对进一步研究空间关系的语言表达和国际中文教育有一定的参考价值。必须说明的是,本节讨论的都是常规的空间关系表达式,其实在汉韩中还存在很多更复杂的空间关系表现形式,这些表达式都存在本质的语际差异,有时很难直接汉韩对译。另外,汉韩进入各个空间关系表达式中的动词范围也表现出非常明显的差异,这些都是与空间关系相关的重要语言现象。未来需要研究更多的语种和更多的空间关系表达结构,从而进一步揭示一个民族的概念化方式对其语法结构和词汇语义的影响。

第三节　汉韩存在句的构式扩张

一、研究背景

"存在句(existential sentences)"是各语言普遍存在的语法现象(Freeze, 1992)。在英语和汉语中,与存在句相关的研究成果极其丰富,但在韩国语中,存在句还没有明确的语法地位。本节通过对汉语存在句和韩国语对应句式的构式扩展情况进行对比分析,确立韩国语存在句语法地位的同时,探讨汉韩存在句在构式扩张上表现出的异同点,并解释其背后的认知动机。

中国学界虽然在存在句的范围上存在争议,但基本上认同存在句这一语法范畴。陈庭珍(1957)、宋玉柱(1991)、潘文(2003)等主要从存在句的范围和类型,句法、语义、语用等方面对存在句的特点进行了探讨。金樱(2009)、남양우(2014)等对与汉语各类型存在句相对应的韩国语表达进行了探讨,但在对比两种语言存在句范畴所具有的特殊性上具有一定的局限性。韩国学界与韩国语存在句相关的研究大致分为"있다"的语法意义研究和韩国语存在句的特性研究两大方面。前者有김상대(1991)、신선경(1998)、고석주(2007)等,后者有정태구(1997)、전영철(2000)、김기혁(2006)等。这些研究虽然在划分什么是存在句上取得了一定的成果,但表现出将存在句处理为"있다"构式下位类型的倾向。

认知语言学选择的是语言反映人类认知过程的语言观。在认知语言学的框架下,对比其他语言的相同语法现象,对于揭示各语言使用者的认知方式具有重要意义。本节将存在句看作一种"构式(construction)",并通过观察其扩张过程找出汉语和韩国语存在句这一语法范畴的异同,并运用认知语言学的相关理论阐释这些异同与语言使用者的认知方式有哪些关联。本节的主要研究内容如下。

首先,介绍研究对象的范围和研究方法。

其次,通过具体的示例对比分析汉韩存在句的构式扩张情况,找出相同点和不同点。

再次,从认知语言学的角度解释说明汉韩存在句的构式扩张异同。

最后,总结论述的内容。

二、理论框架

(1) a. 书桌上有书。

  b. 책상 위에 책이 있다.
（2）a. 书在桌子上。
  b. 책이 책상 위에 있다.

  （1）和（2）虽然具有相同的语义真值，但在语义传达效果上具有一定的差异。（1）将焦点放在了"桌子上"这一空间存在的某个个体上，而（2）则将焦点放在了已知个体"书"的位置信息上。这种差异在（1a，1b）的汉语中表现得更为明显，它们的谓语分别由"有"和"在"来表达。如果说（2）是对"书在哪里？"这一问题进行的回答，那么（1）回答的则是"桌子上有什么？"。这两个句子虽然都包含了个体的存在，但如考虑其语用功能的话，只有（1）符合存在句的定义。实际上，在没有任何前提的情况下，当我们看到某一场景并对场景中所包含的个体进行空间关系上的描述时，一般都会使用（1）这样的表达式。综上所述，汉语和韩国语的原型存在句见表4-1。

表4-1 汉语和韩国语的原型存在句对比

存在句		汉语	韩国语
构式	语义	某个空间存在某个个体	
	形式	LOC+NPindefinit+Vexist	LOC+NPindefinit+Vexist
	例句	书桌上有书。	책상 위에 책이 있다.

三、汉韩存在句的构成与扩张

  从认知语言学对构式的定义来看，存在句作为一种构式，其语法意义并不是各构成成分意义的简单合成。存在句的原型义是"某个空间存在某个个体"，按构式的定义，构成存在句的三个要素即便不像表4-1那样分别具有"空间""存在物""存在"的意义，也可以通过存在句这一构式所具有的整体来实现其原型义。下面我们就来看看构成存在句的这三个要素是如何通过存在句这一构式发生扩张的。

（一）存在的方式

  汉语和韩国语中，原型存在句的谓语分别由"有"和"있다"这样具有拥有或存在意义的单词形式实现，但实际上没有存在意义的动词也会出现在这个构式中，这是因为比起单纯地存在，不同的个体往往会以多样的方式存在。在存在

句这个构式中,谓语动词可以从单纯表示存在的动词扩张到其他动作性动词。

（3）a. 教室里坐着三四个学生。

b. 교실에 학생 서넛이 앉아 있다 .

（4）a. 卡车上装满了化肥。

b. 트럭에 화학 비료가 가득 실려 있다 .

（5）a. 鱼缸里游着几条金鱼。

b. 어항에 금붕어 몇 마리가 노닐고 있다 .

（3）和（4）中,存在物"学生"和"肥料"以静态的方式存在,（5）中,存在物"金鱼"以动态的方式存在。（3）和（5）中,存在物"学生"和"金鱼"是"施动者",而（4）中,存在物"肥料"是"受动者"。从（4）可以看出,当存在物是"受动者"时,对于其存在方式的表达,韩国语采用了动词"싣다"的被动态"실리다",而汉语存在句却没有对此进行区分,采用了动词原型（不是"被载",而是"载"）来表现。从这一点上来看,汉语和韩国语的存在句在谓语动词的对应关系上存在差异。另一点不同就是,在韩国语中,"静态"和"动态"分别以"V + 어 있다"和"V + 고 있다"的形式实现,但在汉语中,它们均以"V + 着"的形式实现。除此之外,如果存在物以静止的状态存在,那么在汉语和韩国语中,如（6）所示还可以分别以"V + 了"和"V + 었다"的形式来表达。

（6）a. 公园里开了很多花。

b. 공원에 꽃이 많이 폈다 .

（2）～（6）的谓语动词本身并没有"存在"的意思,但通过存在句的构式义具有了"存在"的意义。这些动词为了满足存在句的构式义,基本上要与具有"状态持续"的语法要素相结合。从认知语言学的视角来看,这是［原因代表结果］转喻机制发生作用的结果。也就是说,个体的状态是个体存在的前提,通过转喻,个体的静态或动态状态可以代表由相应的状态所造成的"存在"结果。但我们也发现,韩国语中许多的自动词并不能出现于存在句中,也就是说汉语和韩国语存在句中可能出现的谓语动词范围并不相同。

（7）a. ＊照片里笑着一个人。

b. ＊사진 속에 한 여자가 웃고 있다 .

b′. 사진 속에서 한 여자가 웃고 있다.

(8) a. 沙发上睡着一个人。

b. ＊소파 위에 한 사람이 자고 있다.①

b′. 소파 위에서 한 사람이 자고 있다.

(9) a. 天上飞着几只鸟。

b. 하늘에 새 몇 마리가 날고 있다.

b′. 하늘에서 새 몇 마리가 날고 있다.

(7)～(9)的韩国语中,谓语动词"웃다""자다""날다"和对应的汉语动词"笑""睡""飞"虽然原型语义相同,但是"웃다"和"笑"在两种语言的存在句中都不能出现。相反,"날다"和"飞"却在两种语言的存在句中都可以出现。而"자다"这个动词虽然很难进入韩国语存在句,对应的汉语动词"睡"却可以自然地出现在汉语的存在句中。然而,如果把(7b)(8b)(9b)换成(7b′)(8b′)(9b′)的形式,那么所有的句子就成立了。这里的(7b′)(8b′)(9b′)虽然和韩国语存在句的句法结构一致,但在它们是否也属于存在句上有争议。同时,我们还有必要说明为什么两种语言的存在句在谓语的范围上表现出很大的不同,而仅凭形式语法规则是很难把这种差异说清楚的。除此之外,下面的例子也很难判断它们是否属于存在句的范畴。

(10) a. 手里抓着枪。

b. 손에 권총이 잡혀 있다.

(11) a. 身上穿着衣服。

b. 몸에 옷을 입고 있다.

(12) a. 外头有客人找您。

b. 밖에 어떤 손님이 당신을 찾습니다.

(13) a. 浑身上下满是尘土。

b. 온몸에 온통 흙투성이다.

(14) a. ＊街上多人。

a′. 街上人多。

---

① 在口语体中可以用"소파 위에 # 한 사람이 자고 있다"的方式进行表达,但这种情况可能是"소파 위에 있는 어떤 사람이 자고 있다"的缩略形式。

b. 거리에 사람이 많다.

（10a，b）不仅形式上与两种语言的存在句相同，而且句子中的两个名词成分之间也形成了空间和存在物的关系。但是"手"是行为者的身体部位，具有"手抓住了手枪"的涵义。（11）中的"身"作为身体部位，虽然和"衣服"形成了空间和存在物的关系，其中（11a）具有汉语存在句的句法结构，而（11b）却是"状语 +宾语 + 谓语"的句法结构，与韩国语存在句的句法结构不一致。（12）从传达"外面有客人"的意思来看，存在的意义很明显，但是与两种语言的存在句原型相比，（12a）添加了"找您"这个附加语，（12b）附加了"你"这个宾语。另外，"是"和"이다"作为系词，一般表示人和物的身份或属性，但在（13）中含有某个个体占据了空间全部的语义。除此之外，在韩国语中，有很多形容词可以出现在存在句中，如（14b）中出现的"많다"是表示数量多的形容词，但如（14a）中所示，汉语的存在句很难直接出现这样的形容词。

我们有必要对以上的这些差异意味着什么进行深入探讨，同时也有必要说明如何区分存在句。但前人研究并没有很好地解答这类问题。虽然这种差异与两种语言的语法规则有关，但我们认为这种差异也受语言使用者的认知方式影响，对此将在后面进行论述。

（二）存在的空间

个体要想存在，首先就需要有存在的空间。存在句的原型义也是通过这样的空间和存在物之间的关系而实现的。在汉语的存在句中，空间成分一般是通过名词和后置方位词的形式来实现的，而在韩国语的存在句中，这个空间成分可以通过名词和"에"的结合来实现。

（15） a. 桥上停着一辆车。

　　　a′. ＊桥停着一辆车。

　　　b. 다리에 차 한 대가 서 있다.

　　　b′. 다리 위에 차 한 대가 서 있다.

如（15）所见，在汉语中，除了像"北京"这样的地点名词和"医院"这样的场所名词外，一般需要在参照物名词的后面添加像"上"这样的方位词来完成空间成分的表达。而在韩国语中，当通过我们的经验可以推测出大致方位时，只需要

在参照物的后面添加格助词"에"就可以完成空间成分的表达,但如果由参照物指示的空间方位不能通过经验推测出来时,韩国语也需要在参照物名词后面添加方位词。另外,虽然空间成分一般是物理空间,但在实际使用中,还可以是非物理空间。

　　（16）a. 人群里站着一名高个子的人。

　　　　　b. 군중 속에 키가 큰 사람 한 명이 서 있다.

　　（17）a. 心有所憾。

　　　　　b. 마음에 불만스러운 바가 있다.

　　（16）中的"人群"不是具体的空间,而是由人组成的集团,（17）中的"心"和"마음"是一个没有实际形态的抽象概念。它们通过隐喻机制使物理空间发生了向社会空间和心理空间的扩张。除此之外,由于空间和时间属于共存的概念,如（18）所示,存在句中的这个空间成分会以时间词的形式出现,这也可以解释为［时间是空间］隐喻机制作用的结果。

　　（18）a. 今天有聚餐。

　　　　　b. 옛날 (어느 마을에) 한 처녀가 있었다.

　　总之,在汉语和韩国语的存在句中,空间成分都可以通过隐喻这一认知机制,从具体的空间逐渐扩张为抽象的空间。但是,在表达空间成分时,如通过经验可以推测出大致方位,那么韩国语中的后置方位词是可以省略的;而在汉语中,除了方所名词外,一般要求有后置方位词,这是两种语言在表达空间成分上的不同。

（三）存在的物体

　　一般情况下,存在的物体虽然是具体的客观事物,但从我们的认知来看,抽象的事物也可以像具体的事物一样存在于某个空间。

　　（19）a. 心里充满着对未来的憧憬。

　　　　　b. 마음속에 미래에 대한 동경이 가득차 있다.

　　（19）中的存在物"憧憬/동경"虽然是抽象的概念,但是它们通过隐喻,被理解为实际存在的事物,存在于"心"和"마음"这一空间。除此之外,存在句中

的存在物一般是非限定的,但在调查语料的过程中,我们发现有些具有限定性的
名词或名词短语也可能出现。

（20）a. 中国有个毛泽东。

　　　　b. 미니홈피에 김연아가 있다.

（21）a. 照片里存着我的记忆。

　　　　b. 사진 속에 내 추억이 깃들어 있다.

（20)中,存在的物体为固有名词,(21)中,存在的物体受到"我"和"내"的
修饰,都有限定性,但这些句子都属于存在句。在这种情况下,它们具有说话者
向听者传达新信息的语用义,也就是说话者认为存在物的信息对听者来说是新
的,所以在存在句中,存在的物体是否具有限定性不是绝对的条件,而是具有一
定的语境依赖性。

四、汉韩存在句的认知阐释

以上我们对汉语和韩国语存在句在形式和构式扩张上表现的共同点和差异
进行了探讨,可以认为汉韩存在句在以下几个方面表现出一定的异同。首先,在
语序上,空间成分先行于存在物成分这一点上是相同的,但在句法结构上,韩国
语是"状语 + 主语 + 谓语"的构成,而汉语是"主语 + 谓语 + 宾语"的构成。
其次,谓语成分都表现出［单纯的存在→存在的方式］的转喻扩张,空间成分表
现出［物理空间→社会空间→心理空间］和［空间→时间］的隐喻扩张,存在物
成分表现出［具体→抽象］的隐喻扩张。在谓语成分的扩张中,虽然汉语和韩国
语扩张后的谓语要与表示"状态持续"的语法要素相结合才能出现在存在句中
这一点是相同的,但汉语和韩国语存在句的谓语范围不同。下面我们将从认知
语言学的角度来解释这些异同。

（一）语序是象似性程度的反映

在汉语和韩国语的存在句中,"空间→存在物"的排列顺序与实际情况的发
生顺序相一致,认知语言学中把这种语言形态和意义之间存在的理据性称为"象
似性"(沈家煊,1993:2-8;임지룡,2008:323-345)。也就是说,在存在句中,空间
成分先行于存在物成分反映了我们的认知顺序。我们在描述某一场景时,首先
要感知到那个场景,才能确认里面有什么。在这种情况下,由于空间成分具有用

来接近存在物的参考点作用,所以存在句的这种从参考点到目标的处理方向是象似性反映,这也说明了我们通过旧信息提取新信息的认知规律。不仅汉语具有这种特点,韩国语也可以通过语序传达信息,这也表明(1a)和(2a)由于语序的差异,它们所表达的语义是不可能完全相同的。

但汉语存在句的象似性程度似乎比韩国语存在句的象似性程度更高。虽然在汉语存在句中,空间成分为主语,但这个空间成分并不是行为者(agent)或主题(theme),违反了"行为者 + 谓语 + 受动者"或"主题 + 谓语"的正常汉语顺序。这意味着汉语的存在句虽然违反了汉语的语法规则,但遵守了象似性。也就是说,在汉语的存在句中,谓语出现在存在物的前面遵守了我们一般先感知状态或行动后再确认其状态或行动主体的这一心理感知过程。而韩国语的存在句所具有的"主题 + 谓语"语序不能反映这一象似性。

另外,从形式的象似性反映意义的象似性这一点来看,(11b)、(12b)、(13b)不是韩国语的存在句。

（23=11） a. 身上穿着衣服。

　　　　　 b. 몸에 옷을 입고 있다.

（24=12） a. 外头有客人找您。

　　　　　 b. 밖에 어떤 손님이 당신을 찾습니다.

（25=13） a. 浑身上下满是尘土。

　　　　　 b. 온몸에 온통 흙투성이다.

上面的韩国语示例与韩国语存在句的句法结构不同。(23b)的谓语是他动词,需要有主语,(23a)中省略了主语。(24b)和(25b)虽然具有明显的存在义,但它们是由"밖에 있는 어떤 손님이 당신을 찾습니다(外面的某位客人在找你)"和"온몸에 있는 것이 온통 흙투성이다(全身都是泥)"转换而来的。与此相反,(23a)和(25a)不仅与汉语存在句的句法结构一致,而且还体现了存在句的原型义,可以说认定为汉语的存在句①。

总而言之,存在句的语序在两种语言中都反映了一定的象似性,但是韩国语存在句受到了语法规则的制约,看起来比汉语存在句所具有的象似性要弱,同时

①（24a)中的"人"既是前面的动词"有"的宾语,又是后面的动词"找"的主语,属于汉语的兼语句。

根据"句法—语义"象似性,可以说明与存在句句法结构有差异的句子不属于存在句。

(二)句法结构受认知主体的突显影响

虽然说话者的认知顺序反映在语序上,但首先认知到的事物是用主语表达,还是用状语表达却与说话者的认知方式有关。根据认知语言学的"前景(figure)·背景(ground)"原理,说话者总是主观地将被赋予"突显(prominence)"的事物符号化为主语,将不被突显的事物符号化为宾语或状语等。在汉语的存在句中,空间出现在主语的位置,存在物出现在宾语的位置,而在韩国语的存在句中,空间通过状语的形式实现,存在物以主语的形式实现。这样看来,在汉语的存在句中,空间成分具有显著的地位。也就是说,汉语的存在句是空间受到突显成为句子主语而形成的句法结构。相反,韩国语的存在句是存在物成为注意的焦点,用来确认这一注意焦点的空间作为状语而形成的句法结构。根据突显的程度,可以将两种语言的存在句图示化为图4-3:

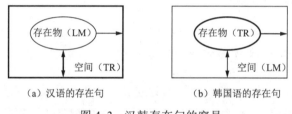

(a)汉语的存在句　　　　　　(b)韩国语的存在句

图4-3　汉韩存在句的突显

图4-3的(a)是汉语的存在句,存在的空间被赋予突显,和存在物形成射体(TR)和界标(LM)的关系。单向箭头表示存在物的状态,双向箭头表示存在物与空间之间的关系,汉语的存在句中,空间的突显增强了存在物与该空间之间关系的突显,而双向箭头表示的关系并不是存在于空间内的个体状态,而是空间与个体之间的关系,所以不具有被动性,因此,汉语存在句的谓语不是被动态。(b)是韩国语的存在句,存在物被突显,和空间形成射体(TR)和界标(LM)的关系。在这个存在句中,存在物和空间的关系没有被突显,而存在物存在的状态被突显了,具有了被动性。这可以很好地说明为什么(4)中存在物是受动者时,韩国语存在句选择被动态的谓语,而汉语存在句的谓语形式不变。

总之,存在句的句法结构不是任意形成的,而是与人类的经验结构紧密相关的。也就是说,根据知觉经验,一个场景的个体分别被认识为空间和存在物,然后根据认知方式的不同,存在物或空间有选择地被赋予了不同程度的突显,从而形成了不一样的句法结构。

(三)谓语动词的范围取决于意象图式

认知语言学主张通过"意象图式"来构建外部世界的意义。从这一角度来看,用来表达外部世界个体存在的存在句也是通过某个意象图式而概念化的结果。

在韩国语的存在句中,作为主体的存在物是射体,空间是界标,谓语是存在物的存在状态。这种情况下,三个要素形成了"行为链(action chain)",其中存在物成为能量的始源,谓语表示该能量的流动,空间成为能量的吸收点。这个过程可以通过图4-3的(b)得以确认。从意象图示的角度来看,这是"路径图式(image schema)"① 发生作用的结果。但是,在汉语的存在句中,空间是射体,存在物是界标,正如图4-3的(a)所示,谓语不能实现从存在物到空间的能量流动。在这种情况下,空间包含了存在物,这是"容器图式(container schema)"发生作用的结果。下面通过具体示例来说明。

(26) a. 걸이에 많은 옷이 걸려 있다.
　　　b. 침대 위에 환자가 한 명 누워 있다.

(26a)的句子要成立,必须有行为者通过一定的作用力把衣服放在衣架上。这时能量从行为者身上产生,并经过衣服,最后被衣架吸收。其结果使衣服存在于衣架上。这一过程中,存在句实现了从"衣服"到"衣架"的能量流动。存在物不单单是受动者,如(26b)中,存在物是行为者,但也发生了这样的能量流动。因为患者为了躺着就必须要有床,床可以让患者在那里存在,从而吸收患者"躺"行为的能量。这意味着,如果空间成分不能被解释为吸收存在物能量的终点时,那样的句子就不是存在句,而且存在物的行为不能与其存在的空间形成必然的因果关系时,那么这个行为就不能出现在存在句中。因此,下面的句子不是韩国语存在句。

(27) a. 손에 권총이 잡혀 있다.
　　　b. 소파에서 한 사람이 자고 있다.

---

① 也叫"始源-路径-终点(source-path-goal schema)"图式。

c. 거리에 사람들이 많다.

d. *버스에 한 여자가 웃고 있다.

（27a）的空间作为"工具"，不是能量的"终点"，而是能量的"路径"。其结果，虽然"手"中存在"手枪"，但实际上与"돌에 유리창이 깨졌다"相似。（27b）的空间与"에서"相结合，表示的不是行为的"终点"，而是行为进行的"空间"，和（27c）一样，这些空间成分不能吸收存在物所产生的能量。（27d）为病句的原因就是"笑"行为的结果不能成为让个体存在于"公交车"的原因，"公交车"也不能吸收"女人"的能量。通过"路径图式"，可以说明一些自动词和所有形容词为什么不能出现在韩国语的存在句中。

那么汉语的存在句又是怎样呢？根据"容器图式"，存在物在容器中以怎样的方式存在并不重要，谓语所表达的只是存在物在容器中以怎样的状态被包含。因此，在韩国语存在句中难以出现的动词却很容易出现在汉语存在句中。但是，像"笑"这样的部分动词也同样不能出现在汉语的存在句中。这是因为由于"容器图式"将存在物概念化为存在于容器中的液体，一般情况下，这些液体是以静态或移动的方式存在于容器里，却很难想象为是"笑"或"唱"等具体行为。

综上所述，汉语和韩国语的存在句分别通过意象图式中的"容器图式"和"路径图式"而概念化，因此，两个存在句中可能出现的谓语的范围也就不同。

（四）对同一场景的不同表达与视角有关

以上我们从汉韩两种语言存在句的异同与语言主体的认知能力关系进行了探讨。但是我们也发现在汉语存在句和韩国语存在句中分别存在（28）、（29）所看到的（a）和（b）两种不同的表达方式，这里有必要说明他们的差异是什么。

（28）a. 公园里开了很多花。

　　 b. 公园里开着很多花。

（29）a. 칠판에 글자가 몇 개 쓰였다.

　　 b. 칠판에 글자가 몇 개 쓰여 있다.

（28a, b）和（29a, b）虽然表达的是相同情景，但是可以看出它们的谓语动词以不同的形式出现。认知语言学认为，对同一事件使用的不同表达不是根据真理值，而是根据语言使用者不同的"视角（perspective）"而选择的。因此，（28a）

把视角放在了花渐渐开放到最后完全变成花的过程上,但是(28b)将视角放在了说话的那一刻。(29a, b)也是同理。

前面提到的存在句和处所句,以及空间的凸显等都与说话者的视角有关。例如,对于"学校"和"医院"的相邻关系,由于说话者的视角不同,既可以表达为存在句"学校旁边有医院",也可以表达为存在句"医院旁边有学校",还可以表达为处所句"学校在医院旁边"和"医院在学校旁边"。其结果就是在汉语和韩国语中,由于说话者的不同视角,存在句也可以转换为处所句。

五、小结

本节从认知语言学的角度对存在句的构式扩张情况进行了比较分析,在找出汉韩存在句异同点的基础上,探究了其背后的认知动机。主要研究内容可以概括如下。

第一,汉韩存在句在语义、语用、结构上都具有一定的特点,所以在两种语言中有必要设定存在句范畴,并且有必要与处所句进行区分。

第二,汉语存在句和韩国语存在句通过隐喻、转喻等机制发生构式扩张,但它们在扩张上存在一定的差异。

第三,汉语存在句和韩国语存在句的语序反映了一定的象似性,但韩国语存在句受到的语法规则制约强于汉语存在句,汉语存在句比韩国语存在句的象似性程度更高。

第四,汉语存在句和韩国语存在句的句法结构并不是只靠语法规则来实现的,还与两种语言主体的认知方式有关系。在两种语言的存在句中,空间和存在物分别被赋予突显。

第五,汉语存在句和韩国语存在句的范围不同,在谓语的选择上存在的差异是由于两种语言的存在句是基于不同意象图式而概念化的。

第六,汉语存在句和韩国语存在句都存在不同的表达方式,取决于说话人对相同场景进行观察时采取的不同的视角。

综上所述,存在句的结构和生成与语言使用者的认知作用有关,汉语存在句和韩国语存在句的差异很大程度上取决于两种语言使用者的认知方式差异。从语言使用者的认知能力来考察存在句可以解释现有研究中无法说明的问题,帮助母语为韩国语的汉语学习者和母语为汉语的韩国语学习者克服两种语言存在句之间相互转换的困难。

第五章　认知对比语言学的课题与展望

基于认知的对比研究不同于以往的对比研究，根本原因在于，它既能充分体现出不同语言在表达相同概念范畴时的形式差异，又能发现不同语言在相同概念范畴上的本质相通之处，从而更深刻地理解思维、语言、文化与认知之间的紧密联系。本书通过汉韩在语音、词汇、语法三个层面的具体个案对比分析，旨在寻找出隐藏于两种语言同类表达背后的认知机制之异同，同时也展示了基于认知对比语言学的研究是如何实现的。如果说认知语言学的相关研究主要是围绕着语言的普遍性而展开的话，那么本书中所讨论的认知对比语言学主要是围绕着语言的相对性而展开的。虽然书中所讨论的一些主题很好地说明了语言现象的差异是认知差异的反映，但仍然存在不能确定汉韩语言中的某些差异具体与什么认知差异有直接关系的问题，这部分也是需要今后继续研究的地方。

实际上，基于认知的对比研究本身只是一种研究方法或路径，但这种研究更要为一定的目的服务。不同语言间的认知对比研究涉及面很广，相应的应用面也很广，未来的认知对比语言学研究需要继续发掘出更多有意义的课题。就认知对比语言学自身的发展而言，方法与手段的更新还有许多值得深思的地方；就认知对比语言学的应用而言，在自然语言处理、语言教学、翻译研究及实践、文化交融互鉴等方面也都具有广阔的应用前景。

本章主要包括两方面的内容：认知对比语言学与语言学理论建设的关系与展望；认知对比语言学与应用研究的关系与展望。

第一节　认知对比语言学与语言学理论建设

人类观察世界并不是以世界本态来观察的，而是以观察者自己的身份去观察的,其中,语言起到了塑型的作用,因为语言给人们装备了一套观察与解读世界的认知工具。认知语言学主张语言既反映人对现实世界的认知过程和结果,又是人认识世界的工具。世界上有多个民族,虽然大家面临同一个现实世界,但由于各自选择的认知方式不完全相同,因此不同民族反映在各自语言上的认知结构和概念化系统存在着明显差异(王寅,2007:88-89)。这说明在不同社会里,因为生活方式、经济、文化等的不同,人们的注意形态(forms of attention)也就不同,这会和语言一起影响着人们观察世界的方式,造成每一种语言对世界观察存在盲点。因此,基于认知对比语言学的研究需要注意元概念的偏颇和方法论上的民族主义,这样才能对语言学理论建设带来更有价值的观点和启发。

一、避免英语中心主义带来的元概念偏颇

全球化不但将欧美的政治、经济、文化方式推向了全世界,英语也随之将欧美的学术话语体系和理论框架、解决问题的方法论体系泛化成了一种默认的体系,形成了英语中心主义(anglocentrism)。英语中心主义主要表现在三个方面:一是接受专属英语的概念作为中性的、自然的,具有普遍适用性的概念;二是将英语中心主义的偏差性概念(misconceptions)体系用于构建学术研究问题和研究方法、分析数据、解释研究结果、建立学术话语体系和元概念;三是曲解甚至歪曲非英语语言学学者建立的概念范畴、学术成果、学术视角等(岳曼曼、刘正光,2021)。在语言学的发展史上,乔姆斯基提出的生成语法理论,布朗和列文森的礼貌理论,塞尔、奥斯丁、格赖斯的言语行为理论都被认为有英语中心主义的特征,即将语言学的共性特征混同于英语的特征,理论建设中排除文化和历史的作用,这在 20 世纪的中后期尤盛。

学术研究中,元概念是理论体系建设的基本起点,也是建立共识的依据。对元概念的理解与把握,同样也是认知对比研究的关键。比如,在现代物理学之前,"宇宙"在英语里指空间物理世界,而在汉语里,既指空间世界又指时间。因此,汉英两种语言对宇宙的认识自然就会带上自身的认知视角。中华文化里,从古代神话到传统哲学,时间和空间总是交织混合在一起的;而在英语里,时间和空间处于二元对立的关系之中,时间结构的理解需要经由更具体的空间结构投射才能达成。汉英关于时间指向的对比研究难以达成令人信服的一致观点,根本原因就在于此。英语里,"前"指向"未来","后"指向"过去",基本没有反例。这是因为,英语里是以空间运动的方向来概念化时间的方向,时间和空间在运动

方向上共享逻辑结构,形成了形式和语义的内在逻辑。而汉语里,一方面时间和空间是混合交织在一起的,即时空同态;另一方面,时间指向的确立(即过去与未来)是依据事件的发生与否来确定的,发生了的(实际发生和想象发生)指向过去,未发生的指向未来。从认识论和方法论的视角来看,多种不同的时间指向观是照搬英语里的理论框架带来的后果,也就是把英语认识世界的盲点带到观察汉语上来了。

其实,在汉语的语言学发展历程中,英语中心主义的历史痕迹一直很明显,《马氏文通》是典型的例子,由此而形成的语言学理论体系和研究方法给中国语言学理论建设带来了深刻影响。如20世纪50年代开始延续至今的汉语词类问题大讨论一直难以形成共识,就是照搬英语中心主义的结果。英语的词类系统建立在英语二元对立的思维特征之上,强调形式与内容的一致,具有典型的形式逻辑属性;而汉语强调语义与功能优先,形式服务内容的经验逻辑。因此,基于认知对比语言学的研究要克服寻求形式与功能对应的结构主义思想在语言研究中的弊端,摆脱印欧语以词为本位的束缚,才能推动理论建设不断深入向前。

二、从各语言事实出发建立理论假设

语言是思维的工具,也是文化的载体。这就意味着,不同的语言表达概念内容的方式一定会带上本民族文化和思维的特征。人类对世界的认识,就是对世界存在方式和存在过程的认识,不同民族对相同概念范畴的认识必然受各自民族思维方式和文化特征的影响。未来的认知对比语言学研究,应在审视不同语言各自的系统性特征基础上,揭示不同语言之间的共性特征和根本差异等问题。

从认知对比语言学的视角出发,进行不同语言间的对比时,应该是细致、深入、系统地重新解读各语言事实,从各语言事实出发,建立新的抽象理论,才能为提出更符合语言事实的理论框架和对比路径找到更好的切入点。语言学理论建设中,几个非常著名的理论运用到汉语研究时,都遇到了很多不适应的地方,如生成语法、礼貌原则、言语行为理论。顾曰国在充分尊重汉语事实的基础上提出的汉语和汉语文化中的"面子理论"就是最好的证明。从洪堡特的《论汉语的语法结构》算起,汉外对比有将近二百年的历史了。国内早期的对比研究从马建忠的《马氏文通》就开始了。不过其对比是以印欧语为参照的,一直以来被认为削足适履的痕迹很明显。邢福义(1997)就曾指出,自《马氏文通》问世以来,我国语言学研究经历了套用期、引发期、探求期。汉语语言学理论中留下的许多基本问题都是印欧语眼光造成的，如果基于汉语的本质特征，进行理论抽象与建设，也许很多问题就不是问题了，汉语自身的理论体系建立也就为时不远了。

第二节　认知对比语言学与应用研究

基于认知对比语言学的研究在自然语言处理、外语教学、对外汉语教学、语言习得、翻译研究及实践、辞典编撰、文学研究、文化交融互鉴等方面都具有广阔的应用前景和应用价值。

一、认知对比语言学与语言教学

认知语言学的基本取向与生成语言学不同，强调语义的基础作用，属于语义取向的。认知对比研究，无论是从认知语义学视角，从认知语法视角，还是从构式语法视角，都是广义的认知语义对比，强调的是语言的理据性、使用性。语言构式生成理据的对比，能够加深对语言形式与意义之间的对应联系的理解，更能培养学习者观察问题、发现问题、解决问题，以及抽象思维的能力，为解决语言教学中思辨能力培养的难题提供有效的思维和路径。同时，也能尽可能减少机械性学习，增加洞察性学习（知其所以然）的比重，提高学习效率。例如，指南针上有四个基本方向，不同民族对这四个方向描述的顺序不完全相同。汉英对四个基本方向的认知方式有明显差异。汉英有两种描述方法。一种是以两个相对的方向为一组，分两组来描述。英语是先北—南（North-South），再东—西（East-West）；而汉语是先东—西，再南—北；另一种是顺时针逐个描述。英语是北、东、南、西；汉语是东、南、西、北。对英语使用者来说，以对子的方式描述四个基本方向更为普遍，而汉语使用者以单个方向顺时针描述更为经常。用形式对比分析的方法，教师会告诉学生英语的表达顺序与汉语相反。至于为什么如此，教师不会做进一步说明。认知对比分析会首先告诉学生英语和汉语在认知四个基本方向上的差异，并进一步指出，对于英语使用者来说，北、南方向优先于东、西方向，因此北—南总是先于东—西；对于汉语使用者来说，东、西方向总是优于南、北，因此东、西总是先于南、北。因此，无论是外语教学还是对外汉语教学和语言习得，在对比中理解不同语言之间类似结构的生成理据能够更有效地提升语言教学效果。L1（第一语言）与L2（第二语言）对比可以从以下几个方面进行，以培养语言意识，进而增强语言、文化敏感性。

隐喻和转喻是人类思维和语言运行的基本方式，对概念范畴所生成的概念隐喻异同进行深入比较,不仅能够加深对语言本质的理解,更能有效增强学习者对语言系统所承载的文化内涵、思维方式的理解,从而增强文化理解力,提升思辨能力,实现跨文化交际能力的提升。外语学习的过程实际也是不断地重构母语的概念范畴、图式、原型的过程。重构的过程实际就是不断让母语中的概念系统与外语中概念系统相互适应的过程。因此,两种语言中概念系统的异同必须显性地呈现给学习者。这种对比的直接效果是增强学习者的隐喻意识或隐喻表达能力,本质上是提高学习者的文化领悟能力。

多义性是人类语言的共性特征,同义性、多义性表达实际上反映出人们观察世界的不同方式和思维组织方式。多义性的产生往往是隐喻思维的结果,体现出概念范畴的内在联系。英汉多义系统生成机制的对比研究,一方面有助于学习者将离散的知识系统化,将知识转化成能力;另一方面能够提升语言教学的效率。更重要的是,这能够更好地理解语言意义功能扩展的内在机制,从而加深对语言本质的理解,减轻语言学习的负担,提升语言学习的动力。

人类共有概念范畴的对比研究,能够在更高层次上认识思维、语言与认知的关系,提升学习者思维的深度,对开阔学习者视野、培养情怀和素养具有潜移默化的作用。例如,"时间"是个抽象的概念,世界上各民族都会运用空间隐喻来理解抽象的时间概念,但汉英体现出很大的差异,如:

（3）a. 前天我去看了医生。

b. 后天我去看医生。

c. March is before April.

d. Summer comes after spring.

e. 上个月他去英国。

f. 下个月他去法国。

空间概念有三个维度:前—后、左—右、上—下。从(3a-d)可以看出,汉英两个民族均使用空间水平隐喻(前—后)来描述时间,但从(3e、f)可以看出汉语还用空间垂直隐喻(上—下),而英语一般不用空间垂直隐喻。如果了解汉语所体现的观察世界的方式,就更有利于一个说英语的人正确理解汉语(3e、f)。

语篇模式的差异体现着不同民族在思维模式上的不同,可能成为跨文化交际的障碍。告示语在日常生活中非常多,习而不察。其实,它反映了人际交往过程中的态度与权势问题。

（4）a. 严禁疲劳驾驶。（Tiredness kills（can kill）.）

    b. 严禁践踏草地。（Please keep of the grass.）

    c. 不准（严禁）抽烟。（No smoking.）

    d. 不准大声喧哗。（Please keep quiet（Be quiet, please）.）

从上面汉英对照表达式可以看出以下差异：汉语喜用"命令"句式，传递的是居高临下、不平等的人际关系。英语里有三种句式：第一种是陈述句式，用以说明理由。这样的告示语是摆事实，讲道理，平等而友好，如"Smoking kills."、"Smoking is harmful."；第二种是祈使句前加表礼貌的词"Please"，体现出制作者诚恳、平等的态度；第三种是"No+V-ing"形式，通过陈述形式表达祈使意义，以客观的陈述表达主观的愿望，语气比"Don't smoke."柔和，相当于汉语里"不要抽烟"的意思。

根据斯洛宾（Slobin, 2003）对思维与语言关系的假说，母语概念系统往往在无意识状态下，潜移默化地影响着外语学习。只有通过有意识地比较，学生才有可能注意到两种语言在概念体系上的差异，有意识地在课堂教学中进行认知对比分析对于外语学习者建立新概念系统非常必要。可见，对 L1 与 L2 的系统特征和异同的比较，能够为建立更好的语言教学理论、发现更好的路径和方法提供方法论启发。

二、认知对比语言学与文化交融互鉴

隐喻充盈于语言当中，在各层次都无比丰富。隐喻性（包括隐喻和转喻）语言能反映典型的语言社群喜好的说话方式，体现出不同语言观察世界的不同方式和态度，积淀着深厚的文化渊源和传统。深入对比不同语言的概念隐喻系统，有助于深刻理解文化的共性与差异，从而实现更顺畅的文化交流与文明互鉴。

如用"火"或"热"表示愤怒，可能是世界语言中的一个共同的概念化方式，"a slow burn""怒火中烧""열나다"等。"火"与"愤怒"有着相似的特征：愤怒时最显著的面部特征是脸色变红，这种愤怒的生理现象被映射到火焰燃烧时放出热量的自然现象；另外，愤怒具有攻击态势的进化特征，表现为爆炸式或损害式的生理特征或身体行为，火也有一点就燃的性质，与瞬间表露的愤怒有相似的特点；最后，愤怒有强弱之分，火则有大小之分，强烈的愤怒就像炽热的火焰。人

们通过身体体验获取此相似点,以相似点为主,将"火"和"愤怒"联系起来,借助具体、有物质特征的"火"表达抽象、无物质特征的"愤怒"。

(5) a. The news threw him into a rage.

    b. When he heard the report, he flew into a rage.

    c. She was bursting with hanger.

    d. When we told him, he exploded.

    e. 当他在电视上看到歹徒残忍地杀死了那么多无辜的生命的时候,顿时义愤填膺。

    f. 我现在满肚子的火(气),现在的 90 后,搞不懂啊。

    g. 听到这个结果,他气炸了。

    h. 참을 수 없는 분노로 가슴 속에서 불덩이가 치솟았다.

    i. 아버지는 이웃사람들의 행동에 골이 상투끝까지 났다.

(5)是表示愤怒最具有文化共性的概念隐喻,"愤怒是装在容器里的流动性热量(ANGER IS THE HEAT OF FLUIDITY IN A CONTAINER)"。考威塞斯(Kövecses)调查分析各种语言(英语、匈牙利语、汉语、日语、塔希提语)后,发现愤怒的表达都使用容器隐喻进行概念化,认为人的身体是容器,愤怒是容器内部的承载物。通过(5)可以看出英汉韩三种语言都有这样的表达式,但仔细分析(5)中的各例句可以发现一些细微的差别。英语中更强调过程,如(5a、b);或强度,如(5c、d)。但汉语和韩语中更强调处所,如(5e、f、h);或强度,如(5g、i)。

(6) a. 历年以来,不知害了我们多少同志,说来真令人发指。

    b. 听到这个消息,他怒发冲冠。

    c. The horrible scream made my hair stand on end.

    d. When my mother saw the state of the house after the party, she blew her top!

    e. 상투끝까지 치솟는 화를 참지 못하고 끝내는 일을 저질렀다.

生气经常会导致一些特殊行为的出现,汉语里常用"头发"的变化来表达。"令人发指"指头发都竖立起来,非常愤怒的意思。"怒发冲冠"指愤怒得头发直竖,顶着帽子,形容极端愤怒。但英语和韩语里却没有这样的表达,英语的"make one's hair stand on end"表达的却是"十分惊讶"的意思,韩语的"상투끝까지 치솟는 화"指愤怒到了"头顶"之上,用来形容极端的愤怒。

通过"愤怒"在汉英韩三种语言中的异同比较,既可了解不同语言在认知和文化方面的共性特征,更能感受不同语言与文化的个性特质,由此洞察不同语言与文化对世界的概念化方式。在这样的比较与洞察过程中,我们可以逐渐培养起对不同语言和文化的意识和敏感性,享受语言中的文化底蕴与美感。尤其是在中国快速发展成为政治、经济、文化大国的今天,从满足实现中国文化走出去和大国担当的需要来看,人类命运共同体的概念需要不同民族求同存异。语言作为概念内容的外化形式,只有在充分理解表达方式异同的基础上才能更好地实现文化交流沟通、融合与共享的目标。

第三节　结语

目前为止,从认知角度对汉韩语言进行系统的综合对比研究在国内外还是凤毛麟角,也没有形成公认的理论框架与体系。本书以汉韩语料为基础,在认知语言学的框架下,借助对比语言学的理论和研究成果,一方面是对国内尚缺少从认知角度对汉韩语言进行全面、系统对比研究的补充,另一方面论述了"对比认知语言学"这门新兴学科的有关问题,进一步丰富和完善了对比语言学的研究领域,如认知语法、构式语法、概念整合理论、语法化理论、词语法和自然语义元语言等都成为对比研究的理论模式,功能和认知视角的对比研究成为新的发展方向。

未来的认知对比研究要基于语言事实出发,避免英语中心主义带来的理论框架和元概念的偏颇而导致对比研究产生实践和操作上的盲点。同时,认知对比研究要在认知语言学的大背景下,扩大对比的视野和对比的范围,从而更好地为语言学理论建设服务。另外,认知对比研究具有广阔的应用前景。就语言教学而言,它将为培养学生思辨能力、跨文化交际能力、自主学习能力起到非同寻常的作用。对于文化交融互鉴而言,它能够更好地求同存异,增强文化间的相互理解、相互包容,为实现人类文明与文化的交流与互鉴提供更深的认识和可能。

参考文献

论文类：

[1]　毕懿晴,谢亚军．汉语中反义词同现现象及其理据分析[J].牡丹江师范学院学报（哲学社会科学版）,2008（06）:88-90.

[2]　毕懿晴．认知构式语法视角下的反义词同现现象[J].湘潭大学学报（哲学社会科学版）,2013,37（06）:153-155.

[3]　蔡宝来,张诗雅．我国认知语言学研究:理论进展、实践创新及未来走向[J].周口师范学院学报,2012,29（01）:11-17.

[4]　蔡辉,孙莹,张辉．浮现中的熟语性:"程度副词 + 名词"构式的 ERP 研究——熟语表征和理解的认知研究之十[J].解放军外国语学院学报,2013,36（01）:1-7+ 127.

[5]　蔡金亭,朱立霞．认知语言学角度的二语习得研究:观点、现状与展望[J].外语研究,2010（01）:1-7.

[6]　曹炜．现代汉语中的称谓语和称呼语[J].江苏大学学报（社会科学版）,2005（02）:62-69.

[7]　曾佑昌．"同词反义"现象初探[J].西南民族学院学报（哲学社会科学版）,2001（S2）:82-84.

[8]　陈北郊．拟声词散论[J].语文研究,1989（01）:17-21.

[9]　陈传显．国内认知语言学研究方法:调查与分析[J].海南广播电视大学学报,2012,13（01）:26-30+ 34.

[10]　崔希亮．空间关系的类型学研究[J].汉语学习,2002（01）:1-8.

[11] 戴云. 现当代称谓词的时代变迁及其成因考察 [J]. 学术交流, 2005 (04): 137-140.

[12] 官翠英. 识解视角下同词反义现象探析 [J]. 兰州教育学院学报, 2015, 31 (07): 132-133.

[13] 侯丹. 汉语存在句研究综述 [D]. 东北师范大学, 2012.

[14] 胡士云. 汉语亲属称谓研究 [D]. 暨南大学, 2001.

[15] 黄洁. 国外认知语言学研究的最新动态 [J]. 现代外语, 2012, 35 (01): 87-94+110.

[16] 黄倩. 汉语共现空间反义词扩展信息的认知研究 [D]. 重庆大学, 2011.

[17] 贾卫国. 英语诗歌的语音象征 [J]. 山东外语教学, 1999 (02): 40-44.

[18] 贾彦德. 现代汉语常用亲属词的语义特点 [J]. 世界汉语教学, 1994 (01): 7-14.

[19] 江桂英, 李恒. 概念隐喻研究在神经科学中的新进展——以心理现实性问题为例 [J]. 外语教学与研究, 2011, 43 (06): 934-941+961.

[20] 金樱. 汉语存在句在韩语中的对应形式 [D]. 东北师范大学, 2009.

[21] 李福印. 思想的"形状": 关于体验性的实证研究 [J]. 外语教学与研究, 2005 (01): 44-49+81.

[22] 李弘. 语音隐喻初探 [J]. 四川外语学院学报, 2005 (03): 70-74.

[23] 李亚青, 吴喜才. 国内认知语言学与翻译研究综述 [J]. 牡丹江师范学院学报 (哲学社会科学版), 2011 (03): 85-87.

[24] 李妍妍. 语言中的范畴化与隐喻认知 [J]. 郑州航空工业管理学院学报 (社会科学版), 2008 (05): 74-75.

[25] 梁燕华, 王小平. 中国认知语言学 (2004-2013) 研究综述——基于 15 种外语类核心期刊的统计分析 [J]. 昆明理工大学学报 (社会科学版), 2014, 14 (06): 103-108.

[26] 刘丹青, 陈玉洁. 汉语指示词语音象似性的跨方言考查 (下) [J]. 当代语言学, 2009, 11 (01): 1-9.

[27] 刘丹青, 陈玉洁. 汉语指示词语音象似性的跨方言考察 (上) [J]. 当代语言学, 2008, 10 (04): 289-297+379.

[28] 刘丹青. 亲属关系名词的综合研究 [J]. 语文研究, 1983 (04): 16-22.

[29] 刘兰民. 试论汉民族传统思维方式对汉语造词的影响[J]. 汉字文化，2001（03）：36-37.

[30] 刘丽虹,张积家. 时间的空间隐喻对汉语母语者时间认知的影响[J]. 外语教学与研究,2009,41（04）：266-271+320.

[31] 刘梦瑶,刘旋. 近20年国内认知语言学研究现状、热点及趋势可视化分析[J]. 开封文化艺术职业学院学报,2020,40（05）：36-39.

[32] 刘宁生. 汉语怎样表达物体的空间关系[J]. 中国语文,1994（03）：169-179.

[33] 刘文宇,张勘茹. 语境对隐喻理解影响研究文献的可视化分析[J]. 外语研究,2013（04）：17-26.

[34] 刘正光,邓忠,邓若瑜. 认知对等及其认识论意义[J]. 外国语（上海外国语大学学报）,2020,43（01）：34-47.

[35] 刘正光,李易. 认知语义对比：理论、原则、目标与方法[J]. 外语教学,2019,40（04）：1-7.

[36] 卢卫中. 词序的认知基础[J]. 解放军外国语学院学报,2002（05）：5-9.

[37] 罗少卿. 试论反训中的辩证法[J]. 武汉大学学报（社会科学版）,1992（02）：105-110.

[38] 罗一丽,张辉. 认知语言学在中国:回顾、现状与展望——第十届中国认知语言学研讨会综述[J]. 外国语（上海外国语大学学报）,2018,41（01）：96-97.

[39] 潘文. 现代汉语存现句研究[D]. 复旦大学,2003.

[40] 沈家煊. "有界"与"无界"[J]. 中国语文,1995（05）：367-380.

[41] 沈家煊. "语法化"研究综观[J]. 外语教学与研究,1994（04）：17-24+80.

[42] 沈家煊. 句法的象似性问题[J]. 外语教学与研究,1993（01）：2-8+80.

[43] 沈家煊. 认知语法的概括性[J]. 外语教学与研究,2000（01）：29-33+79.

[44] 沈家煊. 语言的"主观性"和"主观化"[J]. 外语教学与研究,2001（04）：268-275+320.

[45] 沈家煊. 转指和转喻[J]. 当代语言学,1999（01）：3-15+61.

[46] 师璐. 同词反义的认知研究[J]. 西安外国语大学学报,2008（01）：31-34.

[47] 施安全,金春伟. 亲属称谓的隐喻研究[J]. 浙江师范大学学报（社会科学

版),2010,35(01):121-124.

[48] 施静. 从认知角度探究英汉语言中的数量音义象似性[J]. 海外英语,2015
    (14):214-215.

[49] 石毓智. 认知语言学的"功"与"过"[J]. 外国语(上海外国语大学学报),
    2004(02):21-33.

[50] 束定芳. 认知语言学研究方法、研究现状、目标与内容[J]. 西华大学学报
    (哲学社会科学版),2013,32(03):52-56.

[51] 束定芳. 中国认知语言学二十年——回顾与反思[J]. 现代外语,2009,
    32(03):248-256+328-329.

[52] 孙磊,詹宏伟. 国内认知语言学研究的可视化分析[J]. 外语与翻译,2020,
    27(03):60-66+98.

[53] 唐树华,田臻. 认知语言学的两个承诺及其发展趋势[J]. 外语学刊,
    2012(03):62-66.

[54] 王葆华. 存在构式"着""了"互换现象的认知解释[J]. 外语研究,
    2005(02):1-5+81.

[55] 王朝晖,魏华,杜玮,戴林红. 认知语言学在中国13年的发展历程[J]. 重
    庆工学院学报(社会科学版),2009,23(05):147-149.

[56] 王福祥,刘润清. 我国语言学研究现状和发展趋势——外语界的研究[J].
    外语教学与研究,1995(03):1-5+80.

[57] 王改燕. 认知语言学框架下的词汇理据解析与二语词汇教学[J]. 外语教
    学,2012,33(06):54-57+62.

[58] 王寅,李弘. 体验哲学和认知语言学对词汇和词法成因的解释[J]. 外语学
    刊,2004(02):1-6+92-112. DOI:10. 16263/j. cnki. 23-1071/h. 2004. 02.
    001.

[59] 王寅,李弘. 体验哲学和认知语言学对句法成因的解释[J]. 外语学刊,
    2003(01):20-25+112.

[60] 王寅. Iconicity 的译名与定义[J]. 中国翻译,1999(02):48-50.

[61] 王寅. 论语言符号象似性[J]. 外语与外语教学,1999(05):4-7+57.

[62] 王寅. 认知语言学的哲学基础:体验哲学[J]. 外语教学与研究,2002(02):
    82-89+160.

[63] 王寅. 认知语言学研究动态 [J]. 中国外语, 2006 (03): 10.

[64] 王寅. 认知语言学之我见 [J]. 解放军外国语学院学报, 2004 (05): 1-5.

[65] 王寅. 体验哲学与认知语言学对语言成因的解释力 [J]. 国外社会科学, 2005 (06): 20-25.

[66] 王寅. 象似性辩证说优于任意性支配说 [J]. 外语与外语教学, 2003 (05): 3-8.

[67] 王寅. 语言的体验性——从体验哲学和认知语言学看语言体验观 [J]. 外语教学与研究, 2005 (01): 37-43.

[68] 王寅. 语言符号象似性研究简史——认知语言学讨论之一 [J]. 山东外语教学, 2000 (03): 1-6.

[69] 王寅. 再论语言符号象似性——象似性的理据 [J]. 外语与外语教学, 2000 (06): 4-7.

[70] 王寅. 中西学者对体验哲学的论述对比初探 [J]. 外语与外语教学, 2004 (10): 35-40.

[71] 王治琴. 同词反义的认知释解——"框架"与"识解" [J]. 时代文学 (下半月), 2009 (10): 102-103.

[72] 魏在江. 认知参照点与语用预设 [J]. 外语学刊, 2008 (03): 93-97.

[73] 文旭, 江晓红. 范畴化: 语言中的认知 [J]. 外语教学, 2001 (04): 15-18.

[74] 文旭. 国外认知语言学研究综观 [J]. 外国语 (上海外国语学院学报), 1999 (01): 35-41.

[75] 文旭. 认知语言学的研究目标、原则和方法 [J]. 外语教学与研究, 2002 (02): 90-97+160.

[76] 吴汉. 论语音象征 [J]. 甘肃科技, 2011, 27 (01): 187-189.

[77] 吴金华, 朱小美. 国内认知语言学研究论文的文献计量分析 [J]. 哈尔滨学院学报, 2013, 34 (09): 77-81.

[78] 吴世雄, 陈维振. 范畴理论的发展及其对认知语言学的贡献 [J]. 外国语 (上海外国语大学学报), 2004 (04): 34-40.

[79] 吴淑琼. 国外反义词共现研究综述 [J]. 外国语言文学, 2014, 31 (03): 152-160+168.

[80] 吴淑琼. 汉语反义词共现构式的转喻解读 [J]. 外文研究, 2014, 2 (01):

15-20+ 30+ 104.

[81] 吴云. 试论汉语中的同形反义现象 [J]. 汕头大学学报,1999(01):43-52.

[82] 席留生. 认知语言学在中国的研究现状和展望 [J]. 温州大学学报(社会科学版),2007(02):79-85.

[83] 向仍东,刘琦. 国内新世纪认知语言学研究趋势与特点——基于 8 种外语期刊的调查 [J]. 湖南医科大学学报(社会科学版),2009,11(05):201-204.

[84] 杨烈祥. 二语习得研究:从普遍语法到认知处理 [J]. 外语与外语教学,2007(08):27-30.

[85] 姚淑艳. 现代汉语存在句研究 [D]. 内蒙古大学,2005.

[86] 余俊英. 亲属关系的隐喻研究 [J]. 湖北科技学院学报,2012,32(10):89-90.

[87] 俞建梁,黄和斌. 国内认知语言学研究述评 [J]. 英语研究,2006,4(02):1-7.

[88] 袁毓林. 词类范畴的家族相似性 [J]. 中国社会科学,1995(01):154-170.

[89] 岳曼曼,刘正光. 认知语义对比未来研究展望 [J]. 湖南大学学报(社会科学版),2021,35(02):111-117.

[90] 张健. 英、汉语存现句的句法象似性探讨 [J]. 四川外语学院学报,2002(02):129-131+ 146.

[91] 张克定. 空间关系及其语言表达的认知语言学阐释 [J]. 河南大学学报(社会科学版),2008(01):1-8.

[92] 赵亮. 语言象似性的符号学分析 [J]. 外语教学,2006(05):19-23.

[93] 赵艳芳. 认知语言学的理论基础及形成过程 [J]. 外国语(上海外国语大学学报),2000(01):29-36.

[94] 朱红玉. 中国认知语言学研究 20 年 [J]. 山东理工大学学报(社会科学版),2011,27(02):76-78.

[95] 朱宪超. 现代汉语中声音象征意义的初探 [D]. 西南交通大学,2003.

[96] CHARLES W G, MILLER G A. Contexts of antonymous adjectives [J]. Applied Psycholinguistics, 1989,(10):357-375.

[97] DAVIES M. A new approach to oppositions in discourse: The role of

syntactic frames in the triggering of non-canonical oppositions [J]. Journal of English Linguistics, 2012, 40 (1): 41-73.

[98] DIESSEL H. Iconicity of sequence: A corpus based analysis of the positioning of temporal adverbial clauses in English [J]. Cognitive Linguisitcs, 2008, 19 (3): 465-490.

[99] FELLBAUM C. Co-occurrence and antonymy [J]. International Journal of Lexicography, 1995, 8 (4): 281-303.

[100] FREEZE R. Existential and other locatives [J]. Language, 1992, 3: 553-595.

[101] GALEF D. The Trouble with Janus Words [J]. Verbatim The Language Quarterly, 2002, 27 (2): 14-16.

[102] HAMILTON C A. Review on Metaphor inCognitive Linguistics [J]. Cognitive Linguistics, 2004, 15 (1): 104-112.

[103] HOLTSBERG A, WILLNERS C. Statistics for sentential co-occurrence [J]. Lund University, Dept. of Linguistics Working Papers, 2001, 48: 135-147.

[104] JONES S. A lexico-syntactic analysis of antonym co-occurrence in spoken English [J]. Text and Talk, 2006, 26 (2): 191-216.

[105] JUSTESON J S, KATZ S M. Co-occurrences of antonymous adjectives and their contexts [J]. Computational Linguistics, 1991, 17 (1): 1-19.

[106] KARAMAN B I. On Contronymy [J]. Internal Journal of Lexicography, 2008, 21 (2): 173-192.

[107] KIM K O. Sound Symbolism in Korean [J]. Journal of Linguistics 1977, 13: 67-75.

[108] KÖVECSES Z, RADDEN G. Metonymy: Developing a cognitive linguistic view [J]. Cognitive Linguistics, 1998, 9 (1): 37-77.

[109] KÖVECSES Z. Levels of metaphor [J]. Cognitive Linguistics, 2017, 28 (2): 321-347.

[110] MUEHLEISEN V, ISONO M. Antonymous adjectives in Japanese discourse [J]. Journal of Pragmatics 2009. 41 (11): 2185-2203.

[111] MURPHY M L, JONES S. Antonymy in children's and child directed

speech [J]. First Language, 2008, 28(4): 403-430.

[112] MURPHY M L, et al. Discourse functions of antonymy: A cross-linguistic investigation of Swedish and English [J]. Journal of Pragmatics, 2009, 41(11): 2159-2184.

[113] SCHLEGEL G. On the Causes of Antiphrasis in Language [J]. Toung Pao, 1891, 2(4): 275-287.

[114] NAM S H. Semantics of Locative Prepositional Phrases in English [D]. University of California, 1995.

[115] VELDI E. Sound-Related Vocabulary and Its Use in Language Teaching [J]. Applied Linguistics, 1995, 1: 121-126.

[116] WOODWORTH N L. Sound Symbolism in Proximal and Distal Forms [J]. Linguistics, 1991, 29: 273-229.

[117] 고석주. "있다"의 의미에 대한 연구—어휘개념구조 표상을 중심으로. 한말 연구, 2007, 20: 1-25.

[118] 김기수. 친족어 은유의 인지적 연구 [J]. 세명논총, 1994, 3: 71-91.

[119] 김기수. 친족 관계 은유의 이해와 생성 [J]. 담화와 인지, 1996, 3: 131-149.

[120] 김기혁. 국어 지정문과 존재문의 상관성 [J]. 한글, 2006, 271: 51-74.

[121] 김상대. "있다"의 의미에 대하여 [J]. 인문논총, 1991, 2: 5-31.

[122] 김영미. "있다"의 의미에 대한 고찰 [D]. 전남대학교, 1995.

[123] 김영화. 처소역의 문법적 실현 [J]. 언어, 2005, 30(1): 1-25.

[124] 김윤정. 현대중국어 공간전경화 구문 연구 [J]. 중국학연구, 2010, 53: 23-52.

[125] 김정아, 송현주. 친족어 관용 표현의 개념화 양상 [J]. 언어과학연구, 2013, 64: 71-90.

[126] 김진규. 러시아어 단어 내적 반의어의 유형별 분류에 관한 연구 [J]. 슬라브어연구, 2003, 8: 169-186.

[127] 김진규. 러시아어 어휘론에서 단어 내적 반의어 관계의 위상 [J]. 슬라브어연구, 2003, 18: 19-33.

[128] 남승호. 기점과 착점 논항의 통사: 의미 구조에 대한 유형론적 연

구[J]. 언어학, 2009, 34(3): 473-527.

[129] 남양우. 한어존재문에 대응하는 조선어표현에 대하여[J]. 중국조선어문, 2014, 6: 46-50.

[130] 남풍현. 十五世紀國語의 音聲象徵硏究[D]. 서울대학교, 1965.

[131] 문병태. 언어 도상성과 외국어 교육[J]. 영미어문학연구, 1999, 15(1): 63-64.

[132] 민현식. 시간어와 공간어의 상관성[J]. 국어학, 1990, 20: 47-71.

[133] 사례. 한국어 존재문의 의미와 통사 연구[D]. 서울대학교, 2014.

[134] 손춘섭. 현대국어 호칭어의 유형과 특성에 대한 연구[J]. 한국어 의미학, 2010, 33: 95-129.

[135] 송근영. 어휘관계의 한 특수한 경우 - 자동 어휘관계[J]. 한국프랑스학논집, 2014, 88: 197-223.

[136] 송현주, 최진아. 동기화에 기반을 둔 단어 형성법 교육[J]. 한국어 의미학, 2010, 33: 153-177.

[137] 신선경. "있다"의 어휘 의미와 통사구조[D]. 서울대학교, 1998.

[138] 왕난난. 한중 존재문의 구문 확장 대조 연구[J]. 국어교육연구, 2015, 58: 199-224.

[139] 왕난난. 한중 공간어의 인지언어학적 연구[D]. 경북대학교, 2016.

[140] 윤병달. 의미의 조밀성과 음의 도상성[J]. 언어연구, 2000, 16: 61-80.

[141] 이문규. 상징어의 형태 확장[J]. 한글, 1996, 234: 35-60.

[142] 이범렬. 현대중국어의 가정은유[J]. 중국어문학논집, 2010, 65: 297-323.

[143] 이숭녕. 국어 음성상징론에 대하여—특히 중세어 모음의 음색 순위의 재구와 대립의 체계를 주로 하여[J]. 언어, 1978: 3(1): 1-18.

[144] 임규홍. 한국어 첫소리 [ㅁ] 과 [ㅂ] 낱말의 의미특성—소리와 의미의 관련성을 중심으로[J]. 우리말글, 2006, 37: 197-227.

[145] 임지룡. 대등합성어의 의미 분석[J]. 배달말, 1985, 10: 87-114.

[146] 임지룡. 의미의 인지모형에 대하여[J]. 어문학, 1996, 57: 321-340.

[147] 임지룡. 인지언어학의 현황과 전망[J]. 숭실어문, 2004, 20: 51-91.

[148] 임지룡. 개념적 은유에 대하여[J]. 한국어 의미학, 2006, 20: 29-60.

[149] 임지룡. 환유 표현의 의미특성 [J]. 인문논총, 2006, 55: 265-300.

[150] 임지룡. 인지의미론 연구의 현황과 전망 [J]. 우리말연구, 2007, 21: 51-104.

[151] 임지룡. 신체화에 기초한 의미 확장의 특성 연구 [J]. 언어과학연구, 2007, 40: 1-31.

[152] 임지룡. 다의어의 판정과 의미 확장의 분류 기준 [J]. 한국어 의미학, 2009, 28: 193-226.

[153] 임지룡. 시점의 역전 현상 [J]. 담화와 인지, 2007, 14(3): 179-206.

[154] 임지룡. 국어에 내재한 도상성의 양상과 의미 특성 [J]. 한글, 2004, 266: 169-205.

[155] 임지룡. 장면의 인지적 해석에 관한 연구 [J]. 성곡논총, 2004, 35: 45-89.

[156] 임지룡. 해석 작용의 언어 층위별 양상과 의미 특성-어휘층위를 중심으로 [J]. 언어학연구, 2016, 40: 285-318.

[157] 장미라. "있다"의 의미 확장과 다의어 체계 [J]. 인문학연구, 2005, 9: 95-120.

[158] 전영철. 한국어 존재문의 구성 [J]. 언어학, 2000, 27: 261-280.

[159] 정동환. 국어 대등 합성어의 의미 관계 연구 [J]. 한글, 1991, 211: 125-142.

[160] 정미선. 국어 친족어의 어휘의미론적 연구 [D]. 경북대학교, 1989.

[161] 정수진. 국어 공간어의 의미 확장 연구 [D]. 경북대학교, 2010.

[162] 정인승. 모음 상대 법칙과 자음 가세 법칙 [J]. 한글, 1938, 6: 419-434.

[163] 정종수. 친족어의 은유 연구 [D]. 한양대학교, 1999.

[164] 정태구. 국어 존재구문의 의미와 사건구조 [J]. 언어, 2007, 4: 779-801.

[165] 조석종. Sound Symbolism [J]. 새한영어영문학, 1980, 10: 83-101.

[166] 조재현. "에"와 "에서"의 기본의미 비교 고찰 [J]. 언어, 2014, 4: 1021-1041.

[167] 조항범. '전염'에 의한 의미 변화에 대하여 [J]. 인문학지, 1999, 17: 1-42.

[168] 종결. 한중 대등합성어의 이미 유형과 문화 요소[J]. 한중경제문화 연구, 2013, 320: 189-207.

[169] 채완. 국어 음성상징론의 몇 문제[J]. 국어학, 1987, 16: 277-300.

[170] 채현식. 합성명사의 의미전이와 관습화[J]. 한국언어문학, 2006, 58: 5-23.

[171] 최규수. 문법에서의 장소의 문제[J]. 문창어문논집, 1982, 18: 155-74.

[172] 최병부. 국어 친족어의 의미 연구[D]. 전북대학교, 1985.

[173] 최창열. 우리말 친족어의 어원적 의미[J]. 국어교육, 1985, 51: 383-400.

[174] 최형용. 가치평가에서의 의미 변화에 대하여[J]. 텍스트언어학, 2007, 22: 201-221.

[175] 홍윤표. 方向性 表示의 格[J]. 국어학, 1978, 6: 111-32.

著作类

[1] 冯汉骥. 中国亲属称谓指南[M]. 上海: 上海文艺出版社, 1989.

[2] 符淮青. 现代汉语词汇[M]. 北京: 北京大学出版社, 2005.

[3] 胡裕树. 现代汉语[M]. 上海: 上海教育出版社, 1995.

[4] 李福印. 认知语言学概论[M]. 北京: 北京大学出版社, 2008.

[5] 林焘, 王理嘉. 语音学教程[M]. 北京: 北京大学出版社, 2016.

[6] 柳英绿. 韩中翻译教程[M]. 延吉: 延边大学出版社, 2009.

[7] 沈家煊. 不对称和标记论[M]. 南昌: 江西教育出版社, 1999.

[8] 沈家煊. 认知语言学系列丛书序[M]. 上海: 上海外语教育出版社, 2008.

[9] 石毓智. 汉语研究的类型学视野[M]. 南昌: 江西教育出版社, 2004.

[10] 石毓智. 语法的认知语义基础[M]. 南昌: 江西教育出版社, 2000.

[11] 石毓智. 语法的形式和理据[M]. 南昌: 江西教育出版社, 2001.

[12] 束定芳. 隐喻学研究[M]. 上海: 上海外语教育出版社, 2000.

[13] 宋玉柱. 现在汉语特殊句式[M]. 太原: 山西教育出版社, 1991.

[14] 王寅. 认知语言学[M]. 上海: 上海外语教育出版社, 2007.

[15] 王寅. 认知语言学探索[M]. 重庆: 重庆出版社, 2005.

[16] 王寅. 语义理论与语言教学 [M]. 上海:上海外语教育出版社,2001.

[17] 熊学亮. 认知语用学概论 [M]. 上海:上海外语教育出版社,1999.

[18] 袁毓林. 语言的认知研究和计算分析 [M]. 北京:北京大学出版社,1998.

[19] 张辉. 熟语及其理解的认知语义学研究 [M]. 北京:军事谊文出版社, 2003.

[20] 张敏. 认知语言学与汉语名词短语 [M]. 北京:北京社会科学出版社, 1998.

[21] 赵艳芳. 认知语言学概论 [M]. 上海:上海外语教育出版社,2001.

[22] 朱彦. 汉语复合词的语义构词法研究 [M]. 北京:北京大学出版社,2004.

[23] ALLOTT R. The Physical Foundation of Language [M]. Seaford:ELB, 1973.

[24] BARON D E. Declining Grammar and Other Essays on the English Vocabulary [M]. America:Natl Council of Teachers,1989.

[25] CROFT W, CRUSE D A. Cognitive Linguistics [M]. Cambridge:Cambridge University Press,2004.

[26] DAVIES M. Opposition and Ideology in News Discourse [M]. New York: Bloomsbury Academic,2013.

[27] DIRVEN R, RADDEN G. Cognitive English grammar [M]. Amsterdam:John Benjamins Publishing Company,2007. (임지룡,윤희수 옮김. 인지문법론. 서울:박이정,2009.)

[28] EVANS V, GREEN M. Cognitive Linguistics:An Introduction [M]. Edinburgh:Edinburgh University Press,2006. (임지룡,김동환 옮김. 인지언어학 기초. 서울:한국문화사,2008.)

[29] GEERAERTS D, CUYCKENS H (eds.). The Oxford Handbook of Cognitive Linguistics [M]. Oxford:Oxford University Press,2007.

[30] GOLDBERG A. A Construction Grammar Approach to Argument Structure [M]. Chicago:The Chicago University Press,1995.

[31] GOLDBERG A. Constructions:a construction grammar approach to argument structure [M]. Chicago:The University of Chicago Press,1995. (손영숙,정주리 옮김. 구문 문법. 서울:한국문화사,2004.)

[32] HAIMAN J. Iconicity in Syntax [M]. Amsterdam: John Benjamins, 1983.

[33] HAMAWAND Z. Semantics: A Cognitive Account of Linguistic Meaning [M]. Hong Kong: Equinox Publishing Ltd, 2016. (임지룡, 윤희수 옮김. 의미론: 언어 의미의 인지적 설명. 서울: 한국문화사, 2017.)

[34] HAMAWAND Z. Semantics: A Cognitive Account of Linguistic Meaning [M]. London: Equinox Publishing, 2016.

[35] HANNAY M. English Existentials in Functional Grammar [M]. New York: Foris Pubns USA, 1985.

[36] HOPPER P J, TRAUGOTT E C. Grammaticalization [M]. Cambridge: Cambridge University Press, 1993.

[37] JEFFRIES L. Opposition in Discourse: The Construction of Oppositional Meaning [M]. London: Continuum, 2010.

[38] JOHNSON M. The body in the mind: the bodily basis of meaning, imagination, and reason [M]. Chicago: The University of Chicago Press, 1987. (노양진 옮김. 마음 속의 몸: 의미, 상상력, 이성의 신체적 근거. 서울: 철학과현실사, 2000.)

[39] JONES S. Antonymy: A Corpus-Based Perspective [M]. London: Routledge, 2002.

[40] JONES S, et al. Antonyms in English: Construal, Constructions and Canonicity [M]. Cambridge: Cambridge University Press, 2012.

[41] KÖVECSES Z. 2002/2010. Metaphor: A Practical Introduction [M]. Oxford: Oxford University Press, 2012. (이정화, 우수정, 손수진, 이진희 공역. 은유: 실용입문서. 서울: 한국문화사, 2003.)

[42] KÖVECSES Z. Language, Mind, and Culture: A Practical Introduction [M]. Oxford: Oxford University Press, 2006. (임지룡, 김동환 옮김. 언어, 마음, 문화의 인지언어학적 탐색. 서울: 역락, 2010.)

[43] LAKOFF G. Women, Fire, and Dangerous Things: What Categories Reveal about the Mind [M]. Chicago: The University of Chicago Press, 1987.

[44] LAKOFF G, JOHNSON M. Metaphors We Live By [M]. Chicago: The University of Chicago Press, 1980.

[45] LAKOFF G. Women, Fire and Dangerous Things: What Categories Reveal about the Mind [M]. Chicago: The University of Chicago Press, 1987. (이기우 옮김 . 인지의미론: 언어에서 본 인간의 마음 . 서울: 한국문화사, 1994.)

[46] LANGACKER R W. Foundations of cognitive grammar [M]. San Francisco: Stanford University Press, 1991. (김종도 옮김 . 인지문법의 토대 II . 서울: 박이정, 1999.)

[47] LANGACKER R W. Grammar and conceptualization [M]. Berlin: Walter de Gruyter, 1999. (김종도, 나익주 옮김 . 문법과 개념화 . 서울: 박이정, 2003.)

[48] LEVINSON S C. Space in Language and Cognition: Explorations in Cognitive Diversity [M]. Cambridge: Cambridge University Press, 2003.

[49] TURNER M. Death is the mother of beauty: Mind, metaphor, criticsm [M]. Chicago: University of Chicago Press, 1987.

[50] METTINGER A. Aspects of Semantic Opposition in English [M]. Oxford: Clarendon Press, 1994.

[51] MURPHY M L. Semantic Relations and the Lexicon: Antonyms, Synonyms and Other Semantic Paradigms [M]. Cambridge: Cambridge University Press, 2003.

[52] NESFIELD J C, WOOD F T. Manual of English Grammar & Composition [M]. London & Basingstoke: Macmillan Publishers Ltd, 1964.

[53] SINCLAIR J. Corpus, Concordance, Collocation [M]. Oxford: Oxford University Press, 1991.

[54] TALMY L. Toward a Cognitive Semantics [M]. Combridge, MA: MIT Press, 2000.

[55] WILLNERS C. Antonyms in Context: A Corpus-Based Semantic Analysis of Swedish Descriptive Adjectives [M]. Lund: Lund University Press, 2001.

[56] 고영근 . 국어 형태론 연구 [M]. 서울: 서울대학교출판부, 1989.

[57] 고영근, 남기심 . 표준국어문법론 [M]. 서울: 탑출판사, 2011.

[58] 김계곤 . 현대국어의 조어법 연구 [M]. 서울: 박이정, 1996.

[59] 김동환 . 인지언어학과 의미 [M]. 파주 : 태학사, 2005.

[60] 김동환 . 인지언어학과 개념적 혼성 이론 [M]. 서울 : 박이정, 2014.

[61] 김민수 . 국어의미론 [M]. 서울 : 일조각, 1980.

[62] 김일병 . 국어 합성어 연구 [M]. 서울 : 역락, 2000.

[63] 김형규 . 국어학개론 [M]. 서울 : 일조각, 1977.

[64] 서정수 . 국어문법 [M]. 서울 : 집문당, 1996.

[65] 송창선 . 국어통사론 [M]. 서울 : 한국문화사, 2010.

[66] 송현주 . 국어 동기화의 인지언어학적 탐색 [M]. 서울 : 한국문화사, 2015.

[67] 심재기 . 국어어휘론 [M]. 서울 : 집문당, 1982.

[68] 윤병달 . 언어와 의미 : 문법현상에 대한 해석과 설명 [M]. 서울 : 동인, 2009.

[69] 윤평현 . 국어의미론 강의 [M]. 서울 : 역락, 2013.

[70] 이희승 . 국어학개설 [M]. 전주 : 민중서관, 1955.

[71] 임지룡 . 국어 대립어의 의미 상관관계 [M]. 파주 : 형설출판사, 1989.

[72] 임지룡 . 인지 의미론 [M]. 서울 : 탑출판사, 1997.

[73] 임지룡 . 국어의미론 [M]. 서울 : 탑출판사, 2003.

[74] 임지룡 . 의미의 인지언어학적 탐색 [M]. 서울 : 한국문화사, 2008.

[75] 임지룡 . 한국어 의미 특성의 인지언어학적 연구 [M]. 서울 : 한국문화사, 2017.

[76] 임지룡 . 국어 대립어의 의미 상관체계 [M]. 파주 : 형설출판사, 1989.

[77] 임지룡 . 국어의미론 [M]. 서울 : 탑출판사, 1992.

[78] 임지룡 . 한국어 의미 특성의 인지언어학적 연구 [M]. 서울 : 한국문화사, 2017.

[79] 채완 . 한국어의 의성어와 의태어 [M]. 서울 : 서울대학교출판부, 2003.